Norbert Berens/Marguerite Koob

ETHIK
in der
Grundschule
Band 3

Mädchen und Jungen

Arbeitsmaterialien
mit Kopiervorlagen

Illustrationen:
Corina Beurenmeister

Auer Verlag GmbH

Gedruckt auf umweltbewusst gefertigtem, chlorfrei gebleichtem
und alterungsbeständigem Papier.

1. Auflage. 2001
Nach der Neuregelung der deutschen Rechtschreibung

Satz: Fotosatz H. Buck, Kumhausen
Druck und Bindung: Ludwig Auer GmbH, Donauwörth
ISBN 3-403-0**3171**-3

Inhalt

UNSERE RECHTE
SUN

Vorwort

Wenn Aristoteles, Platon und Cicero in der Antike von den Rechten der Menschen redeten, so bezog sich das nur auf einen kleinen Teil der Menschheit. Seit 1948 aber erkennt die Völkergemeinschaft allen Menschen dieser Erde ohne Unterscheidung die gleichen Rechte zu:

„Jeder Mensch hat Anspruch auf die in dieser Erklärung verkündeten Rechte und Freiheiten, ohne irgendeine Unterscheidung, wie etwa nach Rasse, Farbe, Geschlecht, Sprache, Religion, politischer und sonstiger Überzeugung, nationaler oder sozialer Herkunft, nach Eigentum, Geburt oder sonstigen Umständen. (...)"
(Art. 2 der Allgemeinen Erklärung der Menschenrechte, Resolution 217 (III) der Generalversammlung der Vereinten Nationen vom 10. Dezember 1948)

Der Umgang mit diesen Rechten und auch den Pflichten, die sich aus ihnen ergeben, will jedoch von Kindheit an geübt werden.
Wer die Kinder von heute als die Erwachsenen von morgen ansieht, kann sich als Erzieher wohl keine schönere Aufgabe vorstellen, als sie auf diesem Weg mitwirkend zu begleiten. Die vorliegende Reihe befasst sich mit dem religionsneutralen Ethikunterricht in der Grundschule und soll den Lehrerinnen und Lehrern ein nützliches Hilfsmittel dabei sein, auch wenn sie fachfremd unterrichten.
Es kann nicht die einzige Aufgabe der Erziehung sein, beziehungsloses Wissen zu vermitteln. Die Kinder haben gleichermaßen ein Recht auf Kompetenzen: Sie haben das Recht, vermittelt zu bekommen, wie man mit Wissen umgeht. Sie haben ein Recht darauf, zu erfahren, wie man als verantwortungsvoller und informierter Angehöriger unserer menschlichen Gemeinschaft am gemeinsamen Leben teilnehmen kann. Und sie haben auch das Recht, ihre eigene Person erkunden zu können und tolerantes Miteinander zu erfahren.
Ein neutraler Ethikunterricht wendet sich an Kinder und Erwachsene, die wertvolle Richtlinien für ihr Leben suchen. Er wendet sich auch an jene, die sich um zusätzliche Einsichten bemühen: zusätzlich zu jenen Einsichten, die ihnen die eigene oder die von ihrer Schule angebotene Religion vermittelt. Konflikte werden hierbei nicht entstehen, da diese Bände sich dem Geiste des zweiten Artikels der Menschenrechtserklärung verpflichtet sehen.
Selbstverständlich wurden die hier beschriebenen Unterrichtseinheiten mit Erfolg in der Praxis erprobt. Dies schließt die neuen Elemente, die diesen Unterricht kennzeichnen, mit ein. Hierzu gehört beispielsweise das gemeinsame Nachdenken in der Klasse, das Philosophieren. Es hat, dort wo es sinnvoll eingesetzt werden konnte, in diese Mappen Einzug gehalten.
Das Philosophieren mit Kindern und für Kinder ist eine Bewegung von inzwischen weltweiter Bedeutung, die sich keinesfalls auf das Erzieherische beschränkt. Man begegnet den Kindern mit Respekt: Respekt vor dem, was sie jetzt schon sind, aber auch vor dem, was sie einmal sein werden.
Unser Ethikunterricht will den Kindern in ihrer individuellen und gemeinschaftlichen Entwicklung dabei begleitend zur Seite stehen.

Die Autoren

Didaktische Hinweise

Neue wissenschaftliche Erkenntnisse, verbunden mit immer neuen, unbeantworteten moralischen Fragen, sowie der Wunsch, Kindern eine größere Chance zu geben auf ihrem Weg zu verantwortungsbewussten Erwachsenen, das sind die wichtigsten Begründungszusammenhänge für das Erscheinen dieser Reihe.

Das Verständnis der eigenen Person, der Beziehungen zu Mitmenschen und der Zusammenhänge im öffentlichen Leben – dies sind die angestrebten Unterrichtsziele. Um sie zu erreichen, kommen moderne Unterrichtsmethoden zur Anwendung, zum Teil werden neue Wege beschritten.

Ungewohnt wird für einige Lehrer* die Technik des gemeinsamen, philosophischen Nachdenkens sein, weshalb ihr Gebrauch eingehend erläutert wird. Das Philosophieren mit Kindern ist jedoch nicht das Hauptziel dieser Reihe, es ist vielmehr ein pädagogisches Mittel, das dort, wo es sinnvoll ist, zum Einsatz kommt.

Der Ethikunterricht, wie er hier vorliegt, birgt einige Eigenarten in sich, auf die wir im Folgenden kurz hinweisen möchten.

Einerseits ist es für viele Lehrer eines der interessantesten, wenn nicht gar das interessanteste Lehrfach – befasst es sich doch direkt mit dem Leben. Ein Fach also, für das man sich begeistern kann, und bei dem der Lehrer wohl derjenige ist, der am meisten hinzulernt. Notwendigerweise, muss man sagen, denn wo und wie die Unterrichtsstunde beginnt, legt der Lehrer fest. Doch wo und wann sie aufhört, das bestimmen oft die Schüler!

Das bedeutet also, dass der Lehrer mit seinem Wissen gefordert wird. Andererseits wird aber auch viel Fingerspitzengefühl von ihm verlangt. Nicht jede Unterrichtseinheit kann zu jedem Zeitpunkt behandelt werden. So wird man beispielsweise nicht über den Tod reden, wenn in der Klasse eines der Kinder soeben jemanden verloren hat, den es sehr liebte. Außer: Das Kind selbst begehrt danach!

* Hinweis: Wenn im Folgenden von „dem Lehrer" oder „der Lehrerin" gesprochen wird, so sind selbstverständlich Sie, liebe Kollegin, und Sie, lieber Kollege, stets mit gemeint. Auch steht „der Schüler" für Schülerinnen und Schüler.

Folgende Prinzipien dürfen nie außer Acht gelassen werden:

Bei der Behandlung einer Frage darf der Lehrer seine Schüler nie im Stich lassen; er muss ihnen stets helfend zur Seite stehen. Ein Kind braucht die Möglichkeit, sich an der Welt der Erwachsenen messen zu können. Diese wird in der Schule vor allem durch den Lehrer verkörpert. Er soll daher bereit sein, mit seinen Schülern zu argumentieren, seine Überlegungen von den Schülern prüfen und hinterfragen zu lassen. Dabei muss er seine eigenen Reaktionen überwachen und der Versuchung widerstehen, den Schülern seine persönliche Meinung aufdrängen zu wollen. Es kann und darf nicht sein, dass ein Lehrer den Schülern diktiert, was moralisch richtig und falsch zu sein hat.

Der Lehrer kennt sein Unterrichtsziel. Die Schüler kennen es nicht – dafür besitzen sie oft einen ungeahnten Wissensdrang. Daher wird der Lehrer häufig mit Fragen konfrontiert, die er nicht vorhergesehen hat. Aber auch dann sollte er kurz darauf eingehen, um dann wieder zu seinem eigentlichen Thema hinüberzulenken. Niemals jedoch sollte er einen Schüler mit seinen Überlegungen im Stich lassen, stets sollte er sich mit seinem Wissen zur Verfügung stellen und dem Kind die Möglichkeit geben, zu einer eigenen, selbstständigen Ansicht zu gelangen.

Andererseits muss der Lehrer aber auch genügend Spielraum lassen, damit jedes Kind sich eine eigene Meinung bilden und persönliche Haltungen aufbauen kann. Kein Kind im Grundschulalter ist in der Lage, sich gegenüber wohl überlegten und gezielten Argumenten eines Erwachsenen zur Wehr zur setzen. Umso größer ist die Verantwortung des Lehrers, der diese Hilflosigkeit nie ausnutzen darf, sondern dafür sorgen muss, dass seine Schüler in ihrem Inneren ausreichend Platz behalten für ihre Sensibilität und für eigene Schlussfolgerungen.

Und schließlich: Es darf nicht vorkommen, dass die Klasse sich in eine Selbsterfahrungsgruppe verwandelt. Der Lehrer ist kein Psychiater und ein solches Vorgehen würde schnell auf nicht vorhersehbare Art und Weise ausarten.

1.1 Du bist so anders

Unterrichtsplanung und -vorbereitung

Unterrichtsziel:

In dieser Unterrichtseinheit sollen die Jungen und Mädchen sich Gedanken zu ihrer eigenen, geschlechtsbezogenen Entwicklung machen. Weiterhin sollen sie in ihrer geschlechtsspezifischen Differenz und Differenzierung bestätigt und gestärkt werden.

Bezugsrahmen:

Die Unterrichtseinheit „Du bist so anders" ist die erste von vier Unterrichtseinheiten und wird im ersten Schuljahr behandelt.

Zeitrahmen:

2 Unterrichtsstunden

Hilfsmittel:

Vorbereitete Kopiervorlagen:
Arbeitsblatt 1: „Ein Junge und ein Mädchen als Babys"
Arbeitsblatt 2: „Ein Junge und ein Mädchen mit sieben Jahren"
Arbeitsblatt 3: „Ich"
Arbeitsblatt 4: „Hans und Peter"
Arbeitsblatt 5: „Anna und Lea"

Weiteres Material:
Bleistift und Malfarben

Verlauf der Unterrichtseinheit

Erste Unterrichtsstunde: Jungen, Mädchen und ich

Einstieg:
Die Kinder nehmen einen Bleistift zur Hand und setzen sich in einen Kreis. Das erste Arbeitsblatt („Ein Junge und ein Mädchen als Babys") wird ausgeteilt. Die Kinder dürfen den beiden Babys Namen geben.

Verlauf der Unterrichtsstunde:
Anschließend wird zusammen besprochen,

- *woran man erkennt, dass das eine Baby ein Mädchen und das andere ein Junge ist.*
- *Und: Gibt es Unterschiede im Benehmen zwischen männlichen und weiblichen Babys?*

Die Kinder werden wohl aufgrund ihrer eigenen Beobachtungen und Erfahrungen zur Feststellung kommen, dass, von den körperlichen Merkmalen abgesehen, es keinen Unterschied zwischen männlichen und weiblichen Babys gibt. Dabei sollte der Lehrer es auch belassen.

Daraufhin wird das zweite Arbeitsblatt („Ein Junge und ein Mädchen mit sieben Jahren") verteilt. Die Frage, ob, von den äußerlichen Merkmalen abgesehen, vielleicht schon mehr Unterschiede zwischen Jungen und Mädchen bestehen, zum Beispiel in Kleidung, Benehmen und Vorlieben, wird kurz zur Sprache gebracht, ohne aber zu sehr vertieft zu werden. Wichtig ist lediglich, dass die Kinder frei über sich selbst, sowie Jungen und Mädchen im Allgemeinen berichten können, ohne von der Lehrperson in eine Richtung gedrängt zu werden.

Anschließend wird das dritte Arbeitsblatt („Ich") ausgeteilt. Die Kinder dokumentieren darauf ihre persönlichen Vorlieben und berichten dann im Rahmen der Erzählrunde darüber.

Diese Unterrichtsstunde sollte den Kindern auch die Möglichkeit zu individuellen Gesprächen mit der Lehrperson bieten.

Zweite Unterrichtsstunde: Wenn ich groß bin

Einstieg:
Ziel dieser Unterrichtseinheit ist, den individuellen Aspekt des Heranreifens zum Erwachsenen auszuarbeiten.

Zunächst wird das vierte Arbeitsblatt („Hans und Peter“) verteilt, dann wird der dazugehörende Arbeitstext gelesen:

„Hans und Peter sind Freunde und doch sehr verschieden. Hans möchte, wenn er ein erwachsener Mann ist, die Welt bereisen. Er möchte viel erleben und eine Arbeit verrichten, die eine richtig schwierige Männerarbeit ist. Sein Vater sagt, dass er, wenn er gut genug in der Schule ist, vielleicht Wildhüter werden kann. Aber zur Zeit wäre Hans auch mit Matrose ganz zufrieden. – ‚Oder soll ich vielleicht doch lieber Kapitän werden?‘, denkt er.

Peter ist ganz anders. Er möchte später einen ruhigen Beruf haben. Am liebsten möchte er in einem Büro arbeiten. Und er möchte ein gemütliches Heim, eine liebe Frau und viele Kinder haben. Besonders gerne würde Peter am Computer arbeiten.“

Verlauf der Unterrichtsstunde:
Nachdem der Text auf sein Verständnis hin geprüft worden ist, dürfen die Jungen erzählen, wie sie gerne leben möchten, wenn sie erwachsen sind. Der Lehrer macht sie darauf aufmerksam, dass die meisten von ihnen vielleicht andere Vorstellungen als Hans und Peter haben.

Anschließend wird Arbeitsblatt Nummer 5 („Anna und Lea“) verteilt und gelesen:

„Anna liebt es, draußen zu spielen. Sie fährt gerne Rad und Rollerskates und spielt lieber mit Jungs als mit Mädchen. Wenn sie groß ist, möchte sie Sportlehrerin, Polizistin oder vielleicht auch Reporterin werden. Sie möchte nur ein Kind haben, und zwar einen Jungen.

Lea mag Brettspiele, dann spielt sie auch mit Jungs, sonst nicht! Am liebsten malt sie aber für sich allein und in Ruhe. Sie spielt Flöte, fährt manchmal Rad, geht zum Ballett, läuft wunderbar Schlittschuh und sammelt Haarschleifen. Und weil Lea so gerne liest und Tiere so sehr mag, weiß sie noch nicht, ob sie Kinderärztin, Ärztin für Haustiere, Hundezüchterin oder Schriftstellerin werden möchte. Aber am allerliebsten möchte sie ein großes Haus und viele Kinder haben."

Die Mädchen dürfen nun erzählen, wie sie später als Frau leben möchten.

Abschließend halten die Kinder ihre Vorstellungen und Wünsche auf den entsprechenden Arbeitsblättern fest.

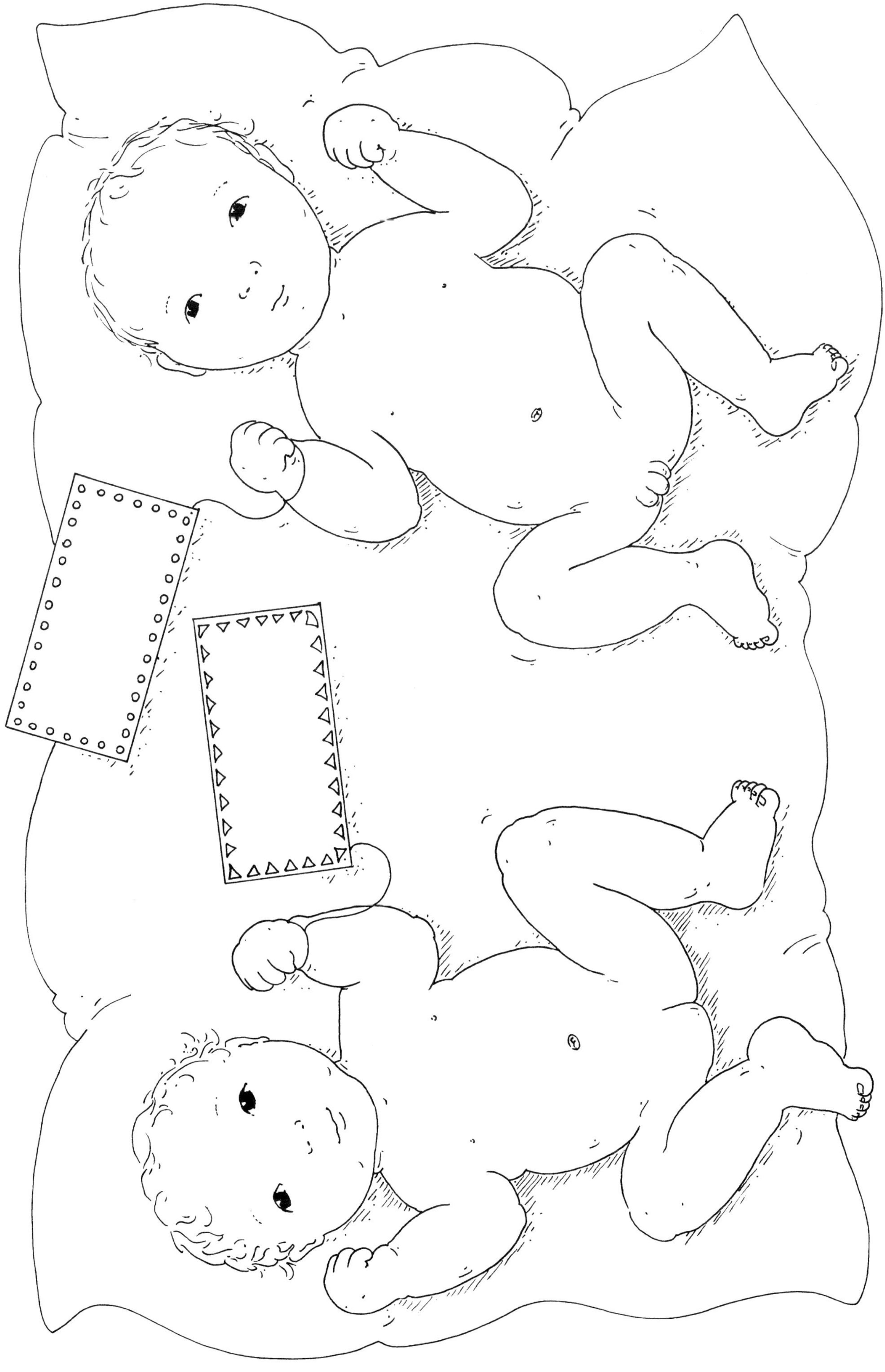

Ich

Ist hier etwas dabei, was du gerne machst? Dann male die Ecke des Bildes farbig aus! Wenn du möchtest, kannst du auch gleich das ganze Bild ausmalen. In die leeren Kästchen kannst du hineinzeichnen, was du sonst noch gerne tust.

Hans und Peter

Hans und Peter sind Freunde und doch sehr verschieden. Hans möchte, wenn er ein erwachsener Mann ist, die Welt bereisen. Er möchte viel erleben und eine Arbeit verrichten, die eine richtig schwierige Männerarbeit ist. Sein Vater sagt, dass er, wenn er gut genug in der Schule ist, vielleicht Wildhüter werden kann. Aber zur Zeit wäre Hans auch mit Matrose ganz zufrieden. – „Oder soll ich vielleicht doch lieber Kapitän werden?“, denkt er.

Peter ist ganz anders. Er möchte später einen ruhigen Beruf haben. Am liebsten möchte er in einem Büro arbeiten. Und er möchte ein gemütliches Heim, eine liebe Frau und viele Kinder haben. Besonders gerne würde Peter am Computer arbeiten.

Nun male, wie du als Mann leben möchtest!

Anna und Lea

Anna liebt es, draußen zu spielen. Sie fährt gerne Rad und Rollerskates und spielt lieber mit Jungs als mit Mädchen. Wenn sie groß ist, möchte sie Sportlehrerin, Polizistin oder vielleicht auch Reporterin werden. Sie möchte nur ein Kind haben, und zwar einen Jungen.

Lea mag Brettspiele, dann spielt sie auch mit Jungs, sonst nicht! Am liebsten malt sie aber für sich allein und in Ruhe. Sie spielt Flöte, fährt manchmal Rad, geht zum Ballett, läuft wunderbar Schlittschuh und sammelt Haarschleifen. Und weil Lea so gerne liest und Tiere so sehr mag, weiß sie noch nicht, ob sie Kinderärztin, Ärztin für Haustiere, Hundezüchterin oder Schriftstellerin werden möchte. Aber am allerliebsten möchte sie ein großes Haus und viele Kinder haben.

Nun male, wie du als Frau leben möchtest!

1.2 Typisch!

Unterrichtsplanung und -vorbereitung

Unterrichtsziel:

In dieser Unterrichtseinheit sollen die Kinder sich Gedanken über die typischen äußeren Jungen- und Mädchenmerkmale wie Haarschnitt, Kleidung und Schmuck machen.

Bezugsrahmen:

Die Unterrichtseinheit „Typisch!" ist die zweite von vier Unterrichtseinheiten und wird im ersten Schuljahr behandelt.

Zeitrahmen:

1 Unterrichtsstunde

Hilfsmittel:

Vorbereitete Kopiervorlagen:
Arbeitsblatt 1: „Zu Omas und Opas Zeiten"
Arbeitsblatt 2: „Meine Kleidung"

Weiteres Material:
Malfarben

Verlauf der Unterrichtseinheit

Erste Unterrichtsstunde: Haare und Kleider

Einstieg:
Für diese Unterrichtsstunde benötigt die Lehrkraft Bilder aus Modekatalogen oder -prospekten. Darauf sollten Kinder in typischer Mädchen- und Jungenbekleidung zu sehen sein. Ihre Kleidung muss konservativ/klassisch, auf keinen Fall zu modisch sein (Hemd und Stoffhose, Rock oder z.B. ein Kleid, das hinten zu binden ist). Auch die Frisuren der jungen Modelle sollten betont klassisch sein.

Die Kinder setzen sich in einen Kreis und nehmen Stellung zu diesen Bildern:

- *Gefallen ihnen die Kleider?*
- *Würde es ihnen gefallen, jeden Tag diese Art von Kleidung zu tragen?*
- *Was tragen sie gerne?*
- *Gibt es etwas, das sie gerne tragen würden, was sie aber nicht dürfen oder sich nicht trauen?*
- *Was halten sie vom Haarschnitt der beiden Modelle?*

Verlauf der Unterrichtsstunde:
Der Lehrer zeigt den Kindern das Arbeitsblatt „Zu Omas und Opas Zeiten". Die Kinder beschreiben das Bild und nehmen dann Stellung:

- *Würde es ihnen gefallen, so gekleidet zu sein?*
- *Warum oder warum nicht?*

Der Lehrer erzählt den Kindern nun ein wenig über die Kinderbekleidung zu Großmutters und Großvaters Zeiten:

„Die Kleider waren normalerweise so geschnitten, dass sie viele Jahre lang getragen werden konnten, ohne altmodisch zu wirken. Die Qualität der Stoffe war gut. Daher waren die Kleider meist teurer als heute. Hatte die Kleidung ein Loch, wurde sie geflickt, denn die Leute hatten nur wenig Geld. Wenn ein Kleidungsstück abgenutzt

oder fleckig war, wurden die Nähte aufgetrennt, um den Stoff wenden zu können. Dann wurde das Kleidungsstück wieder zusammengenäht. Die Pullover wurden häufig selbst gestrickt und wenn sie zu klein waren, wurden die Ärmel mit der restlichen Wolle verlängert. Auch die Kinder hatten weniger Kleidungsstücke als heute und die Sachen mussten möglichst lange halten. Jüngere Brüder und Schwestern ‚erbten' die Kleidungsstücke ihrer älteren Geschwister. Die Jungen trugen die Haare stets kurz geschnitten, die Mädchen hatten lange oder halblange Haare. Jungen trugen nie Schmuck.
Jungen- und Mädchenkleider unterschieden sich durch Art, Schnitt und Farbe: Hemd und Hose für die Jungen, Rock, Bluse, Jacke und Kleid für die Mädchen. Pullover in dunklen Farben für die Jungen, Pullover in helleren Farben für die Mädchen."

Damit die Kinder Zeit haben, diese Informationen zu verarbeiten, dürfen sie das erste Arbeitsblatt in Arbeit nehmen.

Danach setzen sie sich wieder in einen Kreis. Der Lehrer bringt nun folgende Punkte zur Sprache:

- *Hat sich die Bekleidung der Jungen und Mädchen stark geändert seit Großmutters und Großvaters Zeiten?*
- *Was hat sich geändert? (Unterschied zwischen Jungen- und Mädchenkleidung, Farben, Formen, Haarschnitt, Schmuck ...)*
- *Wie denken die Kinder hierüber?*
- *Gibt es Dinge, die sich noch weiter ändern sollten?*
- *Was möchten die Kinder (und auch die Erwachsenen) durch die Kleidung zum Ausdruck bringen?*
- *Was möchten sie durch ihren Haarschnitt ausdrücken?*
- *Möchten sie jemandem ähnlich sehen?*
- *Was ist ihnen wichtiger, sich wohl in der Kleidung und mit dem Haarschnitt zu fühlen oder den anderen (Eltern, Lehrern, Gruppenmitgliedern...) zu gefallen? Warum?*

Das zweite Arbeitsblatt („Meine Kleidung") dient der individuellen Arbeit.

Zum Schluss dürfen die Kinder sich mit ihren Arbeiten in einen Kreis setzen und ihr Bild im Rahmen der Erzählrunde zeigen. Hierbei berichten sie

- *warum das Gemalte ihr Lieblingsoutfit ist*
- *und was sie in diesem Outfit am liebsten tun würden.*

Es sollten hier nur die Kinder zu Wort kommen, die es wünschen. Auch dürfen die Kinder hier auf spielerische Weise ihre Zukunftsvisionen in Sachen Bekleidung beschreiben.

Zu Omas und Opas Zeiten

Wie gefällt dir diese Kleidung? Male ein Lach- oder Trauergesicht!

Würde es dir gefallen nur diese Art von Kleidung zu tragen? Male hier ein Lach- oder Trauergesicht!

Meine Kleidung

Ich heiße ....

und bin ein .... **.**
(Schreibe, ob du ein Junge oder ein Mädchen bist.)

Das sind die Farben, die ich am liebsten trage:

Male die Farben in die Kästchen!

So würde ich am liebsten gekleidet sein!
Male deine Lieblingskleidung. Vergiss auch deinen Lieblingshaarschnitt nicht!

1.3 1 plus 1 gleich 6?

Unterrichtsplanung und -vorbereitung

Unterrichtsziel:

Diese Unterrichtseinheit soll den Kindern, im Rahmen ihrer Reife, die Möglichkeit bieten, individuelle Fragen in Bezug auf die Sexualität zu stellen.

Bezugsrahmen:

Die Unterrichtseinheit „1 plus 1 gleich 6?“ ist die dritte von vier Unterrichtseinheiten und wird im ersten Schuljahr behandelt.

Zeitrahmen:

1 Unterrichtsstunde

Hilfsmittel:

Vorbereitete Kopiervorlagen:
Arbeitsblatt 1: „Zwei Verliebte“
Arbeitsblatt 2: „Partner“
Arbeitsblatt 3: „Trennung?“

Weiteres Material:
Malfarben

Verlauf der Unterrichtseinheit

Erste Unterrichtsstunde: Männer und Frauen

Einstieg:
Die Kinder setzen sich in einen Kreis. Der Lehrer zeigt ihnen das Bild auf dem ersten Arbeitsblatt, welches zwei junge Menschen zeigt, die durch einen Park spazieren und sich bei den Händen halten.

Verlauf der Unterrichtsstunde:
Die Kinder beschreiben, was sie auf dem Bild sehen und in welche Situation sie die beiden jungen Leute hineininterpretieren.

Anschließend wird der Text des Blattes gelesen:
„Die beiden jungen Menschen sind sehr verliebt. Sie haben sich zum dritten Mal getroffen. Ihnen ist, als schwebten sie durch den Park, so verliebt und glücklich sind sie. Heute haben sie sich zum ersten Mal geküsst.“

Die Kinder sind nun frei, Fragen zum Thema zu stellen.

Dann betrachtet die Klasse das Bild, das auf dem zweiten Arbeitsblatt zu sehen ist. Es zeigt einen Mann, eine Frau und ein Kind beim gemeinsamen Spaziergang durch den Park.

Die Kinder äußern sich zu dem Bild, bevor dieser Text gelesen wird:
„Der Mann und die Frau leben schon seit fünf Jahren zusammen. Sie lieben sich. Sie schlafen in einem Bett und sind immer noch ineinander verliebt. Sie genießen das Leben zusammen mit ihrem Kind sehr.“

Die Kinder dürfen nun wiederum Fragen zum Thema stellen.

Auf dem dritten Blatt sieht man schließlich einen Mann und eine Frau, die nebeneinander hergehen und sehr ernst blicken. Auch dieses Bild wird gemeinsam angesehen und beschrieben.

Anschließend wird der Text gelesen:
„Der Mann und die Frau waren einmal sehr verliebt ineinander. Sie hatten sich damals gemeinsam eine Wohnung gekauft und waren sehr glücklich. Jetzt leben sie zwar noch zusammen in der Wohnung, doch sie sind nicht mehr ineinander verliebt. Der Mann ist schon lange in sein Bastelzimmer umgezogen. Die beiden streiten sich über alles und bringen es trotzdem nicht fertig, sich zu trennen.
Heute sind sie zusammen in den Park gekommen, um über ihre Probleme zu reden und endlich eine Entscheidung zu treffen.“

Die Kinder sind nun wiederum frei, Fragen zum Thema zu stellen.

Während die Kinder die Bilder abschließend farbig ausmalen, bleibt Zeit für die Fragen der Kinder auf individueller Basis.

Zwei Verliebte

Die beiden jungen Menschen sind sehr verliebt. Sie haben sich zum dritten Mal getroffen. Ihnen ist, als schwebten sie durch den Park, so verliebt und glücklich sind sie. Heute haben sie sich zum ersten Mal geküsst.

Male das Bild farbig, wenn du magst.
Dein Lehrer oder deine Lehrerin antwortet dir gerne, wenn du Fragen hast.

Partner

Der Mann und die Frau leben schon seit fünf Jahren zusammen. Sie lieben sich. Sie schlafen in einem Bett und sind immer noch ineinander verliebt. Sie genießen das Leben zusammen mit ihrem Kind sehr.

Male das Bild farbig, wenn du magst.
Dein Lehrer oder deine Lehrerin antwortet dir gerne, wenn du Fragen hast.

Trennung?

Der Mann und die Frau waren einmal sehr verliebt ineinander. Sie hatten sich damals gemeinsam eine Wohnung gekauft und waren sehr glücklich. Jetzt leben sie zwar noch zusammen in der Wohnung, doch sie sind nicht mehr ineinander verliebt. Der Mann ist schon lange in sein Bastelzimmer umgezogen. Die beiden streiten sich über alles und bringen es trotzdem nicht fertig, sich zu trennen.
Heute sind sie zusammen in den Park gekommen, um über ihre Probleme zu reden und endlich eine Entscheidung zu treffen.

Male das Bild farbig, wenn du magst.
Dein Lehrer oder deine Lehrerin antwortet dir gerne, wenn du Fragen hast.

1.4 Die Farben des Feuers

Unterrichtsplanung und -vorbereitung

Unterrichtsziel:

In dieser Unterrichtseinheit sollen sich die Jungen und Mädchen Gedanken machen zu den verschiedenen Arten der Liebe, die sich zwischen den Menschen entwickeln können. Sie sollen erkennen, dass die Liebe abhängig ist von Alter, Geschlecht und Familienzugehörigkeit. Sie sollen lernen, selbst zu diversifizieren.

Bezugsrahmen:

Die Unterrichtseinheit „Die Farben des Feuers“ ist die letzte der vier Unterrichtseinheiten, die im ersten Schuljahr behandelt werden.

Zeitrahmen:

3 Unterrichtsstunden

Hilfsmittel:

Vorbereitete Kopiervorlagen:
Arbeitsblatt 1: „Die Farben der Gefühle“
Arbeitsblatt 2: „Frau Sofie“
Arbeitsblatt 3: „Mama und Papa“
Arbeitsblatt 4: „Bruder und Schwester“
Arbeitsblatt 5: „Großmama und Großpapa“
Arbeitsblatt 6: „Onkel und Tante“
Arbeitsblatt 7: „Mann und Frau“
Arbeitsblatt 8: „Verliebte“
Arbeitsblatt 9: „Freunde und Freundinnen“

Weiteres Material:
Malfarben

Verlauf der Unterrichtseinheit

Erste Unterrichtsstunde: Die Farben der Liebe

Einstieg:
Die Kinder setzen sich in einen Kreis. Dann werden sie gefragt, welche Symbole für die Liebe sie kennen, zum Beispiel Herzen, ein Herz mit Pfeil, Ringe, Feuer usw.

Verlauf der Unterrichtsstunde:
Dann fragt der Lehrer die Kinder, ob ihrer Meinung nach Liebe immer das gleiche bedeutet, ob also alle Formen der Liebe vom Wesen und Erscheinungsbild her identisch sind.
Die Beispiele der Kinder werden kurz besprochen.

Anschließend wird der Text, der sich auf dem zweiten Arbeitsblatt befindet, vorgelesen:

„Felix und Kati sind zwei Kinder in eurem Alter. Sie wohnen in einem schönen Dorf, in der Nähe einer großen Stadt.
An diesem Morgen hat die Lehrerin ihnen eine Geschichte vorgelesen, die von einem kleinen Mädchen und einer ganz besonderen Liebe zu den Delfinen erzählte. In der Geschichte wurde aber auch von der kaputten Liebe der Eltern des Mädchens berichtet.
Nun interessiert die Frage, wie das mit der Liebe ist, die beiden Kinder ganz besonders.
‚Komm, wir gehen zu Frau Sofie‘, schlägt Kati vor. ‚Die weiß so viel und hat immer Zeit für uns.‘
‚Gute Idee‘, meint Felix und schon läuft er zu seinem Fahrrad.
Frau Sofie ist eine alte Frau, die in einem schönen kleinen Haus am Rande des Waldes lebt.

Als Felix und Kati ihre Fahrräder in Frau Sofies bunt blühendem Garten abstellen, haben sie ganz rote Wangen von der frischen Luft. Frau Sofie schiebt die Gardinen zur Seite, winkt ihnen kurz zu und öffnet die Tür. Dann kocht sie den beiden heiße Schokolade und schneidet ein Stück von dem leckeren Kuchen ab, den sie immer für die Kinder aus dem Dorf bereithält.

‚Wir möchten wissen, wie das mit der Liebe ist‘, platzt Felix heraus. ‚Jeder sagt uns etwas anderes.‘

Frau Sofie lächelt, besinnt sich einen Moment und beginnt dann zu erzählen: ‚Nun ja, die Liebe hat viele Gesichter. Sie ist wie das Feuer. Und das Feuer kann viele Farben haben, je nachdem, was da brennt. Feuer kann gelb, rot, orange, blau, ja sogar giftgrün oder lila sein. Feuer kann groß oder klein sein. Feuer kann lodern, glühen oder nur glimmen. Und so ist das auch mit der Liebe. In jedem Menschen brennen viele Feuer, große und kleine, heiße und kühle, und jedes Feuer hat eine andere Farbe und Größe.‘ Sie schaut zum Kaminfeuer hinüber und scheint sich an etwas ganz Besonderes zu erinnern.

‚Auch ich hab viele Feuer gekannt‘, sagt sie.

‚Und nun, sind jetzt alle Feuer erloschen?‘, will Kati wissen.

‚Oh nein!‘, lacht Frau Sofie und sieht plötzlich viel jünger aus. ‚Die meisten Feuer brennen immer noch.‘

‚Und welches Feuer brennt gerade jetzt?‘, fragt Felix.

Frau Sofie lächelt und sagt: ‚Jetzt gerade brennt ein liebes, zartes rosa Feuerchen für euch beide und die anderen Kinder im Dorf in meinem Herzen.‘“

Nachdem der Text auf das Verständnis hin überprüft worden ist, werden die Farben des Feuers gemeinsam besprochen, d.h. der Lehrer fragt die Kinder, welche Farbe (oder auch welche Farben) sie einem bestimmten Gefühl zuordnen (Arbeitsblatt 1). Da die Farbzuordnung individuell verschieden sein kann, dürfen die Aussagen der Kinder von der Lehrperson nicht geleitet oder bestimmt werden. Auch sollte dieser Teil sehr kurz gehalten und der individuelle Aspekt der Zuordnung betont werden. Wichtig ist vor allem, dass die Kinder erkennen, dass jedes der beschriebenen Gefühle in Art und Ausdruck verschieden ist.

Anschließend gehen die Kinder an ihre Plätze zurück und halten ihre individuelle Farbzuordnung auf dem ersten Arbeitsblatt fest.

Wenn dies geschehen ist, dürfen die Kinder sich wieder in einen Kreis setzen und der Lehrer liest den Text des dritten Arbeitsblattes vor:

„‚Wie ist das denn mit der Liebe, die Mama und Papa für uns haben?‘, Felix und Kati wollen mehr wissen.

‚Das ist eine sehr große, vertrauensvolle Liebe‘, sagt Frau Sofie. ‚Ich habe zwei Kinder, einen Jungen und ein Mädchen. Die beiden leben schon sehr lange nicht mehr in diesem Haus, sie haben selbst schon große Kinder. Aber die Zeit ändert nichts, die Liebe zu meinen Kindern bleibt für immer.‘ Frau Sofie schweigt einen Moment. Dann lächelt sie und sagt: ‚Stellt euch vor, die Holzscheite im Kamin würden ewig lodern.‘

‚Wie wenn man verliebt ist‘, meint Felix.

‚Nein, die Liebe der Eltern zu ihren Kindern hat nichts mit verliebt sein zu tun. Die ist ganz anders und muss auch ganz anders sein.‘

‚Und wenn sie es trotzdem ist?‘, fragt Kati, die schon viel gehört hat.

‚Dann sind ihre Gefühle krank geworden‘, sagt Frau Sofie sehr ernst. ‚Das ist schlimm. Aber das kommt zum Glück nur sehr selten vor‘, fügt sie hinzu.“

Der Text wird auf das Verständnis hin überprüft. Wichtig ist, dass der Lehrer durch Fragen verdeutlicht, dass es sich hier um die Liebe der Eltern zu ihren Kindern handelt, und nicht um die Liebe der Kinder zu ihren Eltern. Des Weiteren wird das Inzestverbot, welches der Text beinhaltet, nur dann klar ausgesprochen, wenn eines der Kinder nachfragt, sich also vergewissern will, dass es das Verbot des Inzests richtig verstanden hat, respektive dass dieses Verbot existiert. Die Liebe der Kinder zu ihren Eltern soll in dieser Altersstufe nicht angesprochen werden!

Zum Abschluss malen die Kinder das zur Situation gehörende Feuer. Dabei sind sie **absolut frei,** das Feuer so zu gestalten, wie sie es für richtig halten.

Zweite Unterrichtsstunde: Verwandte

Einstieg:

Die Kinder nehmen das in der ersten Unterrichtsstunde fertig gestellte Arbeitsblatt „Die Farben der Gefühle“ zur Hand und setzen sich in einen Kreis. Der Lehrer bringt den Arbeitstext „Frau Sofie“ in Erinnerung und teilt anschließend Arbeitsblatt Nummer 4 („Bruder und Schwester“) aus.

Verlauf der Unterrichtsstunde:

Der Text wird vorgelesen und auf das Verständnis hin überprüft. Nun dürfen die Kinder kurz von ihrer gefühlsmäßigen Bindung zu ihren Geschwistern, welche durchaus auch Aspekte wie Wut, Neid oder Ärger beinhalten wird, erzählen.

Anschließend gehen die Kinder an ihre Plätze zurück und malen das zu Arbeitsblatt 4 gehörende Feuer.

Nachdem diese Arbeit fertig gestellt wurde, werden die Arbeitsblätter „Großmama und Großpapa“ und „Onkel und Tante“ bearbeitet.

Zum Abschluss dieser Unterrichtsstunde sollten die Kinder die Möglichkeit erhalten, sich frei in der Klasse zu bewegen, um sich die Arbeiten der Klassenkameraden ansehen zu können.

Dritte Unterrichtsstunde: Viele andere Farben

Einstieg:
Die Kinder setzen sich in einen Kreis. Wie auch schon in der vorherigen Unterrichtsstunde haben sie das Arbeitsblatt „Die Farben der Gefühle“ zur Hand genommen. Das bislang Erarbeitete wird nun in Erinnerung gerufen.

Verlauf der Unterrichtsstunde:
Anschließend wird Arbeitsblatt 7 („Mann und Frau“) verteilt, gelesen und gemeinsam besprochen. Hier sollte den Kindern genug Zeit und Raum gelassen werden, alle Fragen und Reflexionen zur Sprache zu bringen.
Nachdem die Fragen der Kinder klar beantwortet wurden, wird das Blatt auf individueller Basis bearbeitet.

Anschließend werden die Arbeitsblätter 8 („Verliebte“) und 9 („Freunde und Freundinnen“) in gleicher Weise behandelt.

Zum Abschluss dieser Unterrichtseinheit wählen die Kinder das Arbeitsblatt, das ihnen persönlich am besten gefällt, setzen sich damit in einen Kreis, dürfen frei zum Thema erzählen und die noch verbliebenen Fragen stellen.

Die Farben der Gefühle

Überlege, welche Farbe deiner Meinung nach zu welchen Gefühlen passt und färbe die Kästchen. Du darfst sie auch gerne verzieren, wenn du Lust dazu hast. Das letzte Kästchen kannst du selbst beschriften, wenn du möchtest. Dieses Blatt soll dir später helfen, wenn du dich vielleicht nicht mehr recht erinnerst, welche Farbe du einem bestimmten Gefühl zuordnest.

Zärtliche Liebe

Heiße, feurige Liebe

Verliebt sein

Freundschaft

Nicht leiden können

....

(Hier darfst du schreiben, was du willst, und dann mit der passenden Farbe malen.)

Frau Sofie

Felix und Kati sind zwei Kinder in eurem Alter. Sie wohnen in einem schönen Dorf, in der Nähe einer großen Stadt.
An diesem Morgen hat die Lehrerin ihnen eine Geschichte vorgelesen, die von einem kleinen Mädchen und einer ganz besonderen Liebe zu den Delfinen erzählte. In der Geschichte wurde aber auch von der kaputten Liebe der Eltern des Mädchens berichtet.
Nun interessiert die Frage, wie das mit der Liebe ist, die beiden Kinder ganz besonders.
„Komm, wir gehen zu Frau Sofie“, schlägt Kati vor. „Die weiß so viel und hat immer Zeit für uns.“ „Gute Idee“, meint Felix und schon läuft er zu seinem Fahrrad.
Frau Sofie ist eine alte Frau, die in einem schönen kleinen Haus am Rande des Waldes lebt.

Als Felix und Kati ihre Fahrräder in Frau Sofies bunt blühendem Garten abstellen, haben sie ganz rote Wangen von der frischen Luft. Frau Sofie schiebt die Gardinen zur Seite, winkt ihnen kurz zu und öffnet die Tür. Dann kocht sie den beiden heiße Schokolade und schneidet ein Stück von dem leckeren Kuchen ab, den sie immer für die Kinder aus dem Dorf bereithält.

„Wir möchten wissen, wie das mit der Liebe ist“, platzt Felix heraus. „Jeder sagt uns etwas anderes.“
Frau Sofie lächelt, besinnt sich einen Moment und beginnt dann zu erzählen: „Nun ja, die Liebe hat viele Gesichter. Sie ist wie das Feuer. Und das Feuer kann viele Farben haben, je nachdem, was da brennt. Feuer kann gelb, rot, orange, blau, ja sogar giftgrün oder lila sein. Feuer kann groß oder klein sein. Feuer kann lodern, glühen oder nur glimmen. Und so ist das auch mit der Liebe. In jedem Menschen brennen viele Feuer, große und kleine, heiße und kühle, und jedes Feuer hat eine andere Farbe und Größe.“ Sie schaut zum Kaminfeuer hinüber und scheint sich an etwas ganz Besonderes zu erinnern.
„Auch ich hab viele Feuer gekannt“, sagt sie.
„Und nun, sind jetzt alle Feuer erloschen?“, will Kati wissen.
„Oh nein!“, lacht Frau Sofie und sieht plötzlich viel jünger aus. „Die meisten Feuer brennen immer noch.“
„Und welches Feuer brennt gerade jetzt?“, fragt Felix.
Frau Sofie lächelt und sagt: „Jetzt gerade brennt ein liebes, zartes rosa Feuerchen für euch beide und die anderen Kinder im Dorf in meinem Herzen.“

Mama und Papa

„Wie ist das denn mit der Liebe, die Mama und Papa für uns haben?“, Felix und Kati wollen mehr wissen.
„Das ist eine sehr große, vertrauensvolle Liebe“, sagt Frau Sofie. „Ich habe zwei Kinder, einen Jungen und ein Mädchen. Die beiden leben schon sehr lange nicht mehr in diesem Haus, sie haben selbst schon große Kinder. Aber die Zeit ändert nichts, die Liebe zu meinen Kindern bleibt für immer.“ Frau Sofie schweigt einen Moment. Dann lächelt sie und sagt: „Stellt euch vor, die Holzscheite im Kamin würden ewig lodern.“
„Wie wenn man verliebt ist“, meint Felix.
„Nein, die Liebe der Eltern zu ihren Kindern hat nichts mit verliebt sein zu tun. Die ist ganz anders und muss auch ganz anders sein.“
„Und wenn sie es trotzdem ist?“, fragt Kati, die schon viel gehört hat.
„Dann sind ihre Gefühle krank geworden“, sagt Frau Sofie sehr ernst. „Das ist schlimm. Aber das kommt zum Glück nur sehr selten vor“, fügt sie hinzu.

Male, wenn du magst, die Liebe, die deine Eltern für dich haben! Wie stellst du dir dieses Feuer vor?

Bruder und Schwester

„Hattest du auch Geschwister?“, will Kati wissen.
„Oh ja“, sagt Frau Sofie. „Ich hatte zwei Schwestern und zwei Brüder.“
„Und wie war die Liebe zu deinen Geschwistern?“
„Die war sehr verschieden. Wir haben uns viel gezankt. Manchmal haben wir uns auch geschlagen. Und manchmal war ich so wütend auf meine ältere Schwester, dass ich glaubte, sie zu hassen.“
„Und deine Brüder, hast du die auch manchmal gehasst?“, fragt Felix.
„Meinen großen Bruder Klaus, er war der älteste von uns, den habe ich bewundert. Aber dem Otto, unserem Jüngsten, dem habe ich manchmal arg zugesetzt. Dann hat er sich regelmäßig bei unserer Mutter beklagt und ich wurde wütend auf ihn.“
Frau Sofie lächelt verschmitzt – und hält einen Moment inne. Sie sieht sehr liebevoll, aber auch ein wenig nachdenklich aus, als sie schließlich sagt: „Wir haben uns oft gestritten. Für und über alles Mögliche. Aber eigentlich haben wir uns sehr gemocht.“

Hast du Geschwister? Dann male nun das Feuer der Gefühle zwischen dir und deinen Geschwistern! Wenn du mehrere Geschwister hast, kannst du dieses Rechteck aufteilen!

Großmama und Großpapa

„Und das Feuer zu deinen Großeltern?“, fragt Kati.
„Du meinst, wie die Liebe von Großmutter und Großvater zu mir war? Und wie meine Liebe zu ihnen war?“, fragt Frau Sofie.
Kati nickt.
„Nun, ich kannte nur einen Großvater und eine Großmutter. Das Feuer zwischen uns war ganz lieb und zart. Meine Großeltern waren sehr stolz auf ihre Enkelkinder. Sie freuten sich mit uns, wussten immer Rat und konnten uns trösten wie sonst keiner.“
Sie legt Felix und Kati noch ein Stück Kuchen auf die Teller.
„Es war sehr schön bei meinen Großeltern“, sagt Frau Sofie und lächelt.

Male nun das Feuer zwischen dir und deinen Großeltern, wenn du magst!

Onkel und Tante

„Und deine Onkel und Tanten?", will Felix wissen. „War da auch ein Feuer zwischen dir und deinen Onkeln und Tanten?"
„Ja, sicher", antwortet Frau Sofie. „Aber es waren kühle, kleine Feuer. Wir haben uns nicht oft gesehen, wisst ihr. Meine Onkel und Tanten wohnten allesamt ziemlich weit weg."
„Aber bei mir und meiner Tante Klara ist das anders!", ereifert sich Kati.
„Weil deine Tante Klara im Nachbarhaus wohnt und du zu ihr gehst, bis deine Mama von der Arbeit zurück ist", meint Frau Sofie.

Wie sieht dieses Feuer bei dir aus? Male es, wenn du magst!

Mann und Frau

„Und das Feuer zwischen einem Mann und einer Frau?“, überlegt Felix.
„Wenn sie verliebt sind und zusammen leben!“, fügt Kati interessiert hinzu.
„Das verändert sich mit der Zeit“, erklärt Frau Sofie. „Wenn alles gut geht und die beiden lieben sich, wird es ruhig und stark. Es kann lodern, prickeln, funkeln oder ruhig glühen. Und es ist warm und gemütlich.“
„Und wenn es nicht gut geht?“, fragt Kati.
„Dann kann es giftig spritzen!“, antwortet Frau Sofie. „Oder es verglüht. Das geschieht oft! Es ist nämlich nicht so einfach, ein solches Feuer glühend zu halten.“

Male das Feuer zwischen einem Mann und einer Frau so, wie du es dir vorstellst. Oder so, wie du es dir wünschst, wenn du einmal erwachsen bist!

Verliebte

„Und Verliebte?“, fragt Felix. „Wie ist das Feuer denn bei Verliebten?“

„Oh! Bei Verliebten ist es hell und lustig. Es knistert und spritzt Funken. Manchmal kracht es auch. Und dann knistert und spritzt es wieder.“

„Und dann?“, fragt Felix weiter.

„Mit der Zeit wird es meistens ruhiger. Entweder verlischt es oder es wird groß, stark und warm.“ Frau Sofie gießt heiße Schokolade nach.

„Das Feuer der Verliebten ist sehr schön!“, fügt sie hinzu.

Male das Feuer der Verliebten!

Freunde und Freundinnen

„Und das Feuer zwischen Freunden und Freundinnen?", will jetzt Kati wissen.
„Gab es bei dir auch Feuer zwischen dir und deinen Freundinnen?"
„Natürlich!", lacht Frau Sofie. „Sie waren vielleicht kleiner, doch sie flackerten schön lustig und manchmal auch tröstend und gemütlich", erzählt Frau Sofie. Dann lacht sie plötzlich: „Manchmal, vor allem als wir noch jung waren, wechselte es die Farbe, zum Beispiel von einem lustigen kleinen Gelb zu einem fauchenden Giftgrün."

„Hattet ihr denn oft Streit – du und deine Freundinnen?", fragt Kati.
„Manchmal schon. Und dann krachte und spritzte es so richtig!"
Frau Sofie lächelt lustig. „Die Feuer waren auch nicht alle gleich groß", sagt sie. „Manche hielten nicht sehr lange, andere brennen ein Leben lang."

Male ein oder ein paar Feuer und schreibe die Namen hinzu, wenn du möchtest.

2.1 Guck mal, ein Mädchen!

Unterrichtsplanung und -vorbereitung

Unterrichtsziel:

In dieser und der folgenden Unterrichtseinheit sollen die Kinder sich mit der Anziehung, die zwischen Jungen und Mädchen bestehen kann, auseinander setzen.

Bezugsrahmen:

Die Unterrichtseinheit „Guck mal, ein Mädchen!" ist die erste von fünf Unterrichtseinheiten und wird im zweiten Schuljahr behandelt.

Zeitrahmen:

2 Unterrichtsstunden

Hilfsmittel:

Vorbereitete Kopiervorlagen:
Arbeitsblatt 1: „Eva"
Arbeitsblatt 2: „Guck mal, ein Mädchen!"
Arbeitsblatt 3: „Die Zettelchen"
Arbeitsblatt 4: „Eine Freundschaft entsteht"

Weiteres Material:
Malfarben

Verlauf der Unterrichtseinheit

Erste Unterrichtsstunde: Guckt mal, ein Mädchen!

Einstieg:
Der Lehrer liest den ersten Teil des Arbeitstextes „Eva" vor:

„Daniel zieht mit seinen Freunden durch die Fußgängerzone.
Sandra und Eva sitzen auf einer Bank, schwatzen und lachen. Das reizt Daniel. Evas lange Haare reizen ihn sowieso. Ohne nachzudenken flitzt er um die Bank herum, zieht Eva an den Haaren und kurvt wieder zu seinen Freunden zurück.
Eva schreit verärgert auf und blickt Daniel dann lange hinterher. Sandra grinst."

Anmerkung:
Ob die Kinder in einem Kreis sitzen (und so untereinander Blickkontakt aufnehmen können) oder ob sie besser in ihren Bänken bleiben sollten (Ich-zentrierte Position), ist hier sehr von der jeweiligen Situation in der Klasse abhängig.

Verlauf der Unterrichtsstunde:
Der Text wird gemeinsam besprochen. Falls die Kinder sich nicht spontan äußern, wirft der Lehrer folgende Fragen auf:

- *Warum läuft Daniel um die Bank herum und zieht Eva an den Haaren?*
- *Warum blickt Eva Daniel so lange hinterher?*

Nach dieser Gesprächsrunde wird das erste Arbeitsblatt individuell bearbeitet.

Anschließend wird der zweite Teil der Geschichte gelesen:

„Die Jungs ziehen die Straße hinunter und bleiben bei den Modellflugzeugen stehen. Daniel kriegt den Mund nicht mehr zu, er redet und redet und hört gar nicht mehr auf zu reden.
‚Guckt mal, ein Mädchen!' ruft Tim plötzlich.
‚Eva!', schießt es Daniel durch den Kopf. – ‚Wo?', fragt er schnell.

‚Da! Im Schaufenster! – Oh nein! Jetzt reißt es das gelbe Flugzeug herunter!'
Ein kleines Mädchen hatte es geschafft der Mutter zu entwischen und krabbelt nun in den Auslagen des Schaufensters umher. Ein großes, quietschgelbes Flugzeug hat es ihm besonders angetan. Es streckt den Arm aus, um sich den Flieger zu angeln. Erschrocken eilen zwei Verkäuferinnen und die Mutter herbei."

Der Text wird kurz auf das Verständnis hin überprüft. Der Lehrer leitet das Gespräch und stellt folgende Fragen:

- *Warum redet Daniel so viel?*
- *Warum denkt er gleich an Eva, als Tim ruft „Guckt mal, ein Mädchen!"?*
- *Ist Daniel in Eva verliebt?*

Dann stellen die Kinder Hypothesen über den Fortgang der Geschichte auf.

Die individuelle Bearbeitung des zweiten Arbeitsblattes schließt die Stunde ab.

Anmerkung:
Während die Kinder an ihren Arbeitsblättern arbeiten, sollte die Möglichkeit für individuelle Lehrer-Schüler-Gespräche geboten werden (Kommentare, Fragen zum Thema...).

Zweite Unterrichtsstunde: Daniel und Eva

Einstieg:
Die ersten zwei Teile der Geschichte „Guckt mal, ein Mädchen!" werden in Erinnerung gerufen. Welche Hypothesen wurden über den Fortgang der Geschichte aufgestellt? Die Kinder lesen die Antworten nach, die sie auf dem zweiten Arbeitsblatt festgehalten haben.

Verlauf der Unterrichtsstunde:
Und so geht es tatsächlich weiter – der dritte Teil der Geschichte wird gelesen:

„Es dauerte nicht lange, da wusste die ganze Schule Bescheid. Zettelchen mit ‚Daniel und Eva' und ‚Eva liebt Daniel' kamen aus Evas Klasse und wurden herumgereicht.
Daniel reagierte geschmeichelt und gelassen. Ihm konnte es nur recht sein, dass Eva ihn mochte.
Er dachte darüber nach, wie er Eva dazu bringen könnte, mit ihm zu reden. Er wollte sie in sein Gartenversteck einladen. Aber er wusste nicht, wie er das anstellen sollte. Eva grüßte jedes Mal, wenn sie Daniel morgens – zufällig – am Eingang traf, und Daniel freute sich schon immer riesig darauf. Doch er traute sich nicht Eva anzusprechen.

Eines Tages nun brauchte Daniels Lehrer einen Freiwilligen, der in Evas Klasse eine Liste abgeben sollte. Daniel meldete sich ganz artig, machte aber einen besonders langen Arm dabei. Und er hatte Glück!

Er rannte den Gang hinunter zu Evas Klasse und sein Herz pochte, als er an die Klassentür klopfte.
Es war Eva, die öffnete!
Ein Tuscheln und Raunen ging durch die Klasse. Eva spürte, wie sie rot bis hinter beide Ohren wurde.
‚Frau Sommer soll das bitte weiterreichen', sagte Daniel laut und grinste Eva dabei an.
‚Danke', sagte Eva und nahm den Zettel entgegen. ‚Danke!'
Daniel grinste immer noch. Die Klasse rauschte.
‚Tschüss', sagte Eva. ‚Bis später!', fügte sie noch schnell hinzu, lächelte und schloss die Tür.
Daniel blieb noch ein Weilchen stehen. ‚Bis später' hatte sie gesagt! Dann setzte er sich in Bewegung und rannte in seine Klasse zurück."

Der Lehrer leitet das anschließende Gespräch, wobei folgende Fragen zur Sprache kommen sollten:

- *Wie reagiert Daniel auf die Zettelchen?*
- *Warum reagiert er so gelassen?*
- *Was würde Daniel gerne machen?*
- *Warum meldet er sich, als der Lehrer einen Freiwilligen sucht?*
- *Wie benimmt Eva sich? Warum wohl?*
- *Benehmen die Menschen sich immer gleich, wenn sie verliebt sind?*
- *Ist Verliebtsein etwas, das den Erwachsenen und Jugendlichen vorbehalten ist?*
- *Worin liegt der Unterschied zwischen Verliebtsein unter Erwachsenen oder Jugendlichen und Kindern?*
- *Ist Lieben und Verliebtsein das Gleiche? Worin besteht der Unterschied?*

Dann liest der Lehrer den Anfang des letzten Teils der Geschichte vor:

„In der Pause spielte Daniel mit seinen Freunden Fußball. Daniel brachte es immer wieder fertig, den Ball in Evas Nähe zu spielen. Eva stand bei ihren Freundinnen und schwatzte aufgeregt."

An dieser spannenden Stelle hält der Lehrer inne. Wieder dürfen die Kinder Hypothesen über den weiteren Verlauf der Geschichte aufstellen.

Schließlich verrät der Lehrer ihnen auch den offiziellen Schluss der Geschichte:

„Zuerst traute Daniel sich wieder nicht Eva anzusprechen.
Doch dann nahm er all seinen Mut zusammen: Er schoss den Fußball zu seinen Freunden zurück und fragte Eva einfach, ob sie Lust habe mit ihm Fangen zu spielen.
Eva strahlte ihn an und sagte: ‚Ja gerne!'
Seit jenem Tag spielen Eva und Daniel oft zusammen. Sie sind richtig dicke Freunde geworden."

Abschließend dürfen die Kinder Eva und Daniel auf dem letzten Arbeitsblatt malen. Auch hier soll die Zeit wieder für individuelle Gespräche genutzt werden.

Eva

Daniel zieht mit seinen Freunden durch die Fußgängerzone. Sandra und Eva sitzen auf einer Bank, schwatzen und lachen. Das reizt Daniel. Evas lange Haare reizen ihn sowieso. Ohne nachzudenken flitzt er um die Bank herum, zieht Eva an den Haaren und kurvt wieder zu seinen Freunden zurück.
Eva schreit verärgert auf und blickt Daniel dann lange hinterher.
Sandra grinst.

Du darfst das Bild farbig ausmalen!

Kannst du diese Fragen beantworten?

- Warum läuft Daniel um die Bank herum und zieht Eva an den Haaren?

....

....

- Warum blickt Eva Daniel so lange hinterher?

....

....

Guck mal, ein Mädchen!

Die Jungs ziehen die Straße hinunter und bleiben bei den Modellflugzeugen stehen. Daniel kriegt den Mund nicht mehr zu, er redet und redet und hört gar nicht mehr auf zu reden.
„Guckt mal, ein Mädchen!“, ruft Tim plötzlich.
„Eva!“, schießt es Daniel durch den Kopf. –
„Wo?“, fragt er schnell.
„Da! Im Schaufenster! – Oh nein! Jetzt reißt es das gelbe Flugzeug herunter!“
Ein kleines Mädchen hatte es geschafft der Mutter zu entwischen und krabbelt nun in den Auslagen des Schaufensters umher. Ein großes, quietschgelbes Flugzeug hat es ihm besonders angetan. Es streckt den Arm aus, um sich den Flieger zu angeln. Erschrocken eilen zwei Verkäuferinnen und die Mutter herbei.

Du darfst das Bild farbig ausmalen!

Kennst du die Antworten auf folgende Fragen?

- **Warum redet Daniel so viel?**

....

....

- **Warum denkt er gleich an Eva, als Tim ruft: „Guckt mal, ein Mädchen!“?**

....

....

- **Ist Daniel in Eva verliebt?**

....

....

- **Ist Daniel in Eva verliebt?**

....

....

....

....

Die Zettelchen

Es dauerte nicht lange, da wusste die ganze Schule Bescheid. Zettelchen mit „Daniel und Eva“ und „Eva liebt Daniel“ kamen aus Evas Klasse und wurden herumgereicht.
Daniel reagierte geschmeichelt und gelassen. Ihm konnte es nur recht sein, dass Eva ihn mochte.
Er dachte darüber nach, wie er Eva dazu bringen könnte, mit ihm zu reden. Er wollte sie in sein Gartenversteck einladen. Aber er wusste nicht, wie er das anstellen sollte. Eva grüßte jedes Mal, wenn sie Daniel morgens – zufällig – am Eingang traf, und Daniel freute sich schon immer riesig darauf. Doch er traute sich nicht Eva anzusprechen.

Eines Tages nun brauchte Daniels Lehrer einen Freiwilligen, der in Evas Klasse eine Liste abgeben sollte. Daniel meldete sich ganz artig, machte aber einen besonders langen Arm dabei. Und er hatte Glück!
Er rannte den Gang hinunter zu Evas Klasse und sein Herz pochte, als er an die Klassentür klopfte.
Es war Eva, die öffnete!
Ein Tuscheln und Raunen ging durch die Klasse.
Eva spürte, wie sie rot bis hinter beide Ohren wurde.
„Frau Sommer soll das bitte weiterreichen“, sagte Daniel laut und grinste Eva dabei an.
„Danke“, sagte Eva und nahm den Zettel entgegen.
„Danke!“
Daniel grinste immer noch. Die Klasse rauschte.
„Tschüss“, sagte Eva. „Bis später!“, fügte sie noch schnell hinzu, lächelte und schloss die Tür.
Daniel blieb noch ein Weilchen stehen. „Bis später“ hatte sie gesagt! Dann setzte er sich in Bewegung und rannte in seine Klasse zurück.

- Wie reagiert Daniel auf die Zettel?

- Warum meldet sich Daniel, als der Lehrer einen Freiwilligen sucht?

- Wie benimmt Eva sich Daniel gegenüber? Ist sie in Daniel verliebt?

Eine Freundschaft entsteht

In der Pause spielte Daniel mit seinen Freunden Fußball. Daniel brachte es immer wieder fertig, den Ball in Evas Nähe zu spielen. Eva stand bei ihren Freundinnen und schwatzte aufgeregt.
Zuerst traute Daniel sich wieder nicht Eva anzusprechen.
Doch dann nahm er all seinen Mut zusammen: Er schoss den Fußball zu seinen Freunden zurück und fragte Eva einfach, ob sie Lust habe mit ihm Fangen zu spielen.
Eva strahlte ihn an und sagte: „Ja gerne!“
Seit jenem Tag spielen Eva und Daniel oft zusammen. Sie sind richtig dicke Freunde geworden.

Male Daniel und Eva, wenn du magst!

2.2 Alberner Bub!

Unterrichtsplanung und -vorbereitung

Unterrichtsziel:

In dieser Unterrichtseinheit sollen die Kinder sich ansatzweise und im Rahmen ihrer altersbedingten Möglichkeiten bewusst werden, dass sich die Beziehungen zum anderen Geschlecht im Laufe ihres Lebens entwickeln, sich zwangsläufig also auch verändern.

Bezugsrahmen:

Die Unterrichtseinheit „Alberner Bub!" ist die zweite von fünf Unterrichtseinheiten und wird im zweiten Schuljahr behandelt.

Zeitrahmen:

1 Unterrichtsstunde

Hilfsmittel:

Vorbereitete Kopiervorlagen:
Arbeitsblatt 1: „Alberner Bub!"
Arbeitsblatt 2: „Was Betti von Jungen hält"
Arbeitsblatt 3: „Und es geht weiter"

Weiteres Material:
Malfarben

Verlauf der Unterrichtseinheit

Erste Unterrichtsstunde: Alberne Buben

Einstieg:
Der Lehrer liest den ersten Teil des Arbeitstextes „Alberner Bub!" vor:

„Betti und Sarah sitzen auf einer Bank im Stadtpark und unterhalten sich über Kleider, Schminke und Nagellack.
Die Sonne scheint. In den Blumenbeeten blühen gelbe Narzissen.
Drei Jungs aus der dritten Klasse spazieren an den beiden vorbei und blicken interessiert und selbstbewusst zu den Mädchen hinüber. Da sagt einer der drei Jungs – Felix heißt er und sieht toll aus – ‚Hallo!'
Betti und Sarah antworten nicht. Sie blicken in die Ferne.
Dann platzt Betti plötzlich heraus: ‚Alberner Bub!'"

Anmerkung:
Auch bei dieser Unterrichtseinheit ist es sehr von der jeweiligen Situation in der Klasse abhängig, ob die Kinder in einem Kreis sitzen (und so untereinander Blickkontakt aufnehmen können) oder ob sie besser in ihren Bänken bleiben sollten (Ich-zentrierte Position).

Verlauf der Unterrichtsstunde:
Der Text wird gemeinsam besprochen. Falls die Kinder sich nicht spontan äußern, wirft der Lehrer folgende Fragen auf:

- *Worüber unterhalten die beiden Mädchen sich?*
- *Warum antworten sie Felix nicht?*
- *Warum wohl sagt Betti „Alberner Bub!"?*

Nach diesem Gespräch wird das erste Arbeitsblatt individuell bearbeitet.

Dann wird der zweite Teil der Geschichte gelesen:
„Von diesem Tag an grüßt Felix Betti immer, wenn er sie sieht. Und manchmal sieht er sie viermal am Tag: vor der Schule, in der Pause,

auf dem Nachhauseweg und später draußen beim Spielen.
Betti aber macht sich nichts aus Jungs. Felix kommt noch nicht einmal dazu, sie zu fragen, ob sie Lust habe, auf seine Geburtstagsfeier zu kommen.
Auf Sarahs Schwärmereien, Felix sei ein so toller Junge und sehe überdies spitze aus, antwortet Betti gelassen, sie mache sich nichts aus Jungs. Jungs seien blöd und dumm und außerdem taugten sie zu nichts. Man solle sich bloß mal Chris, ihren kleinen Bruder ansehen. Der mache immer nur alles kaputt. Oder Jörg, Sarahs großen Bruder. Der habe nichts als Fußball und Sport im Kopf und sei nie nett zu ihr und den anderen Mädchen. Nein, Jungs seien doof und völlig überflüssig auf der Welt, erzählt sie Sarah. Und überdies rempelten sie einen in der Pause immer an."

Der Text wird nun gemeinsam besprochen. Dabei streut der Lehrer folgende Fragen ein:

- *Wie benimmt Felix sich? Warum wohl?*
- *Wie reagiert Betti auf seine Grüße?*
- *Wie denkt Betti über Jungs?*

Anmerkung:
Wichtig ist in dieser Unterrichtseinheit, dass die Lehrkraft die Interpretationen der Kinder möglichst wenig kommentiert, auch wenn sie die Situation anders sieht. Auch können die Interpretationen von Kind zu Kind (und von Klasse zu Klasse) stark variieren. Es sollten also keine gemeinsamen Interpretationen festgehalten werden.

Anschließend dürfen die Kinder Hypothesen über den Fortgang der Geschichte aufstellen. Arbeitsblatt 2 („Was Betti von Jungen hält") ist für die individuelle Arbeit bestimmt.

Nun liest der Lehrer den letzten Teil der Geschichte vor:

„Sieben Monate sind vergangen. Felix grüßt Betti schon lange nicht mehr. Und Betti hat das auch keineswegs vermisst. Ganz im Gegenteil, der Junge war ihr richtig lästig gewesen.

Gestern bei dem Schulausflug haben sie eine Kunstausstellung besucht. Felix und seine Klasse waren auch dabei. Betti musste Felix immer wieder ansehen – was er anhatte, wie er sich bewegte und wie er mit seinen Freunden redete. Von den Bildern hat Betti nicht viel gesehen.

Und nun sitzt sie verträumt über ihrer Hausaufgabe und malt rosa Herzen."

Folgende Punkte werden nun gemeinsam besprochen:

- *Was ist mit Betti geschehen?*
- *Warum hat sie denn nicht gleich so reagiert?*
- *Haben Jungs auch Zeiten, in denen sie die Mädchen albern finden? Wie benehmen sie sich dann gegenüber den Mädchen? Dieser letzte Punkt wird unter der Leitung des Lehrers und anhand der Beispiele der Kinder ausgebaut.*

Ein Ergebnis des Gesprächs kann also sein, dass sich die Beziehung zum anderen Geschlecht im Laufe des Lebens ändert und entwickelt. Dieser Aspekt sollte gemeinsam vertieft werden.

Die Kinder dürfen Betti und Felix abschließend auf dem dritten Arbeitsblatt („Und es geht weiter") malen und ihre persönlichen Interpretationen einbringen.

Alberner Bub!

Betti und Sarah sitzen auf einer Bank im Stadtpark und unterhalten sich über Kleider, Schminke und Nagellack.
Die Sonne scheint. In den Blumenbeeten blühen gelbe Narzissen.
Drei Jungs aus der dritten Klasse spazieren an den beiden vorbei und blicken interessiert und selbstbewusst zu den Mädchen hinüber. Da sagt einer der drei Jungs – Felix heißt er und sieht toll aus – „Hallo!"
Betti und Sarah antworten nicht. Sie blicken in die Ferne.
Dann platzt Betti plötzlich heraus: „Alberner Bub!"

Du darfst das Bild ausmalen, wenn du magst!
Kennst du die Antworten auf folgende Fragen?

- **Worüber unterhalten die beiden Mädchen sich?**

....

....

- **Warum sagt Betti wohl: „Alberner Bub!"?**

....

....

....

Was Betti von Jungen hält

Von diesem Tag an grüßt Felix Betti immer, wenn er sie sieht. Und manchmal sieht er sie viermal am Tag: vor der Schule, in der Pause, auf dem Nachhauseweg und später draußen beim Spielen.

Betti aber macht sich nichts aus Jungs. Felix kommt noch nicht einmal dazu, sie zu fragen, ob sie Lust habe, auf seine Geburtstagsfeier zu kommen.
Auf Sarahs Schwärmereien, Felix sei ein so toller Junge und sehe überdies spitze aus, antwortet Betti gelassen, sie mache sich nichts aus Jungs. Jungs seien blöd und dumm und außerdem taugten sie zu nichts. Man solle sich bloß mal Chris, ihren kleinen Bruder ansehen. Der mache immer nur alles kaputt. Oder Jörg, Sarahs großen Bruder. Der habe nichts als Fußball und Sport im Kopf und sei nie nett zu ihr und den anderen Mädchen. Nein, Jungs seien doof und völlig überflüssig auf der Welt, erzählt sie Sarah. Und überdies rempelten sie einen in der Pause immer an.

Über was reden die Mädchen? Schreibe es in die Sprechblasen!
Wie geht die Geschichte wohl weiter?

....

....

....

Und es geht weiter!

Sieben Monate sind vergangen. Felix grüßt Betti schon lange nicht mehr. Und Betti hat das auch keineswegs vermisst. Ganz im Gegenteil, der Junge war ihr richtig lästig gewesen.

Gestern bei dem Schulausflug haben sie eine Kunstausstellung besucht. Felix und seine Klasse waren auch dabei. Betti musste Felix immer wieder ansehen – was er anhatte, wie er sich bewegte und wie er mit seinen Freunden redete. Von den Bildern hat Betti nicht viel gesehen.

Und nun sitzt sie verträumt über ihrer Hausaufgabe und malt rosa Herzen.

Wie geht die Geschichte wohl weiter?
Male Betti und Felix, wenn du magst!

2.3 Hilfe, da kommt ein Mädchen!

Unterrichtsplanung und -vorbereitung

Unterrichtsziel:

In dieser Unterrichtseinheit sollen die Kinder sich mit der zeitweiligen Aversion gegenüber dem anderen Geschlecht auf persönlicher Ebene auseinander setzen.

Bezugsrahmen:

Die Unterrichtseinheit „Hilfe, da kommt ein Mädchen!" ist die dritte von fünf Unterrichtseinheiten und wird im zweiten Schuljahr behandelt.

Zeitrahmen:

1 Unterrichtsstunde

Hilfsmittel:

Vorbereitete Kopiervorlagen:
Arbeitsblatt 1: „Timo will nicht mit Mädchen spielen"
Arbeitsblatt 2: „So ist das bei mir!"

Weiteres Material:
Malfarben

Verlauf der Unterrichtseinheit

Erste Unterrichtsstunde: Keine Mädchen!

Einstieg:
Der Lehrer trägt den Kindern auf, sich in einen Kreis zu stellen und bei den Händen zu fassen. Vermutlich werden die Mädchen sich vermehrt zu den Mädchen und die Jungen zu den Jungen gesellen.

Verlauf der Unterrichtsstunde:
Die Kinder dürfen die Hände loslassen und sich im Kreis hinsetzen. Das Warum der selbst gegebenen Ordnung wird nun hinterfragt.

Anschließend wird dieser Arbeitstext gelesen:

„Timo und Daniel sind seit dem Kindergarten befreundet. Sie spielen oft zusammen. Verstecken spielen sie am liebsten mit Christa, Peter und Astrid. Fußball spielen sie meist mit Jenny, dem Nachbarmädchen. Und bei Katrin kann man am besten fernsehen, denn Katrins Mutter verwöhnt sie immer so nett.
Doch seit einer Woche mag Timo nicht mehr mitspielen, wenn olle Mädchen dabei sind. Er geht dann lieber zu Marius und Thomas."

Nachdem der Text auf das Verständnis hin überprüft worden ist, werden folgende Fragen gemeinsam besprochen:

- *Spielen Daniel und Timo mit Mädchen?*
- *Was ist seit einer Woche anders mit Timo?*
- *Warum wohl will Timo plötzlich nicht mehr mitspielen, wenn Mädchen dabei sind?*

Danach können die Kinder in der Klasse von sich erzählen: Spielen sie denn zurzeit vielleicht auch nicht mit Kindern des anderen Geschlechts und warum ist das so? Wie sieht das in ihrem Umfeld aus, bei Freunden, Geschwistern, Mitschülern, Nachbarskindern usw.?

Anschließend gehen die Schüler an ihre Plätze zurück. Die beiden Arbeitsblätter dienen schließlich der individuellen schriftlichen Festlegung.

Timo will nicht mit Mädchen spielen

Timo und Daniel sind seit dem Kindergarten befreundet. Sie spielen oft zusammen. Verstecken spielen sie am liebsten mit Christa, Peter und Astrid. Fußball spielen sie meist mit Jenny, dem Nachbarmädchen. Und bei Katrin kann man am besten fernsehen, denn Katrins Mutter verwöhnt sie immer so nett.
Doch seit einer Woche mag Timo nicht mehr mitspielen, wenn alle Mädchen dabei sind. Er geht dann lieber zu Marius und Thomas.

Kennst du die Antworten auf folgende Fragen?

• Spielen Daniel und Timo mit Mädchen?

....

....

• Was ist seit einer Woche anders mit Timo?

....

....

• Was meinst du? Warum handelt Timo so?

....

....

....

....

....

So ist das bei mir!

Ich heiße ....

Male die Kinder, mit denen du gerne spielst, und schreibe ihre Namen hinzu!

Beantworte folgende Fragen!

Nur für Mädchen!	Nur für Jungen!
Spielst du gerne mit anderen Mädchen?	Spielst du gerne mit anderen Jungs? ....
Spielst du gerne mit Jungen?	Spielst du gerne mit Mädchen? ....
Warum ist das so?	Warum ist das so? ....
Hast du früher mit Jungen gespielt?	Hast du früher mit Mädchen gespielt? ....
Schreibe hier auf, was du noch zu diesem Thema sagen möchtest!	Schreibe hier auf, was du noch zu diesem Thema sagen möchtest! ....

2.4 Sind Jungen auch Menschen?

Unterrichtsplanung und -vorbereitung

Unterrichtsziel:

In dieser Unterrichtseinheit sollen die Kinder sich weiterführend mit der zeitweiligen Aversion gegenüber dem anderen Geschlecht auseinander setzen und dies zeitlich relativieren. Diese Unterrichtseinheit vertieft also das Thema der vorigen Unterrichtseinheit „Hilfe, ein Mädchen!“.

Bezugsrahmen:

Die Unterrichtseinheit „Sind Jungen auch Menschen?“ ist die vierte von fünf Unterrichtseinheiten und wird im zweiten Schuljahr behandelt.

Zeitrahmen:

1 Unterrichtsstunde

Hilfsmittel:

Vorbereitete Kopiervorlagen:
Arbeitsblatt 1: „Anna will nicht mit Jungs spielen“
Arbeitsblatt 2: „Als Annas Großmutter klein war“

Weiteres Material:
Malfarben

Verlauf der Unterrichtseinheit

Erste Unterrichtsstunde: Keine Jungs!

Einstieg:
Die Kinder setzen sich in einen Kreis. Der Lehrer liest folgenden Arbeitstext vor:

„Anna spielte immer gerne mit Tobias und Steffen. Sie war ein richtiger Kumpel für die beiden. Zusammen spielten sie Fußball, fuhren mit ihren Rädern durch Wald und Wiesen und kletterten auf Bäume.
Doch eines Tages tauchte Anna nicht mehr auf. Drei Tage lang ließ sie sich nicht blicken. Dann war sie wieder da, in Latzhosen und T-Shirt wie immer. Die drei Freunde verbrachten einen tollen Nachmittag miteinander und sie überlegten, ob sie nicht ihr Taschengeld zusammenlegen sollten, um sich einen neuen Fußball zu kaufen.
Doch nach diesem Tag ließ Anna sich wieder nicht blicken. Eine ganze Woche lang!
Auf dem Schulhof schwatzte sie nur noch mit ihren Freundinnen. Für Steffen und Tobias aber hatte sie keinen Blick übrig – und mit den beiden reden wollte sie schon gar nicht!
Tobias und Steffen vermissten sie, denn sie war immer so lustig und voller guter Einfälle gewesen.
Eines Tages, als die beiden an Anna vorbeigingen, hörte sie deutlich, wie Steffen laut und verärgert sagte: ‚Man könnte meinen, wir seien keine Menschen mehr!‘“

Verlauf der Unterrichtsstunde:
Der Text wird auf das Verständnis hin überprüft. Anschließend werden folgende Fragen gemeinsam besprochen:

- *Mit wem spielt Anna gerne Fußball?*
- *Warum spielt Anna nun nicht mehr so oft mit Steffen und Tobias?*
- *Wie denken die Kinder über Annas Benehmen?*
- *Was fühlen Tobias und Steffen wohl?*

Nach dem Gesprächskreis gehen die Kinder an ihre Plätze zurück und halten auf dem ersten Arbeitsblatt ihre Ergebnisse fest.

Anschließend setzen die Kinder sich wieder in einen Kreis und die Geschichte von Annas Großmutter wird vorgelesen:

„Gestern fragten Steffen und Tobias Anna, ob sie Lust habe, mit ihnen Fußball zu spielen. Anna lehnte höflich ab und meinte, ihre Großmutter sei zu Besuch gekommen und sie könne daher nicht weg.
Annas Großmutter hatte das gehört und nachdem die beiden Jungen enttäuscht gegangen waren, setzte sie sich zu Anna, nahm ihre Enkelin in den Arm und erzählte:
‚Als ich klein war, lebte ich in einer kleinen Stadt. In der Schule waren Jungen und Mädchen streng getrennt. Die Jungen gingen zu ihrem Herrn Lehrer in die Jungenklasse, die Mädchen hatten eine Lehrerin und gingen in die Mädchenklasse. Sogar in der Pause durften Jungen und Mädchen nicht miteinander spielen.
Ich hielt mich nicht daran und spielte natürlich doch mit den Jungs. In meiner Straße wohnten besonders viele und ich fand ihre Spiele viel interessanter als die der Mädchen.
Doch dann kam eine Zeit, da mochte ich nicht mehr mit den Jungen spielen. Sie kamen mir vor, als seien sie Wesen von einem anderen Planeten. Ich brauchte Zeit zu wachsen.‘“

Nachdem der Text auf das Verständnis hin überprüft worden ist, nehmen die Kinder Stellung und besprechen folgende Fragen:

- *Wie denken die Kinder über die damaligen Gegebenheiten?*
- *Würde ihnen eine Schule mit getrennten Jungen- und Mädchenklassen gefallen? Warum?*
- *Warum wohl haben Mädchen plötzlich keine Lust mehr, sich mit den Jungen abzugeben?*
- *Und warum haben Jungs plötzlich keine Lust mehr, mit Mädchen zu spielen?*
- *Wird das immer so bleiben? Warum nicht?*

Anna will nicht mit Jungs spielen

Anna spielte immer gerne mit Tobias und Steffen. Sie war ein richtiger Kumpel für die beiden. Zusammen spielten sie Fußball, fuhren mit ihren Rädern durch Wald und Wiesen und kletterten auf Bäume.
Doch eines Tages tauchte Anna nicht mehr auf. Drei Tage lang ließ sie sich nicht blicken. Dann war sie wieder da, in Latzhosen und T-Shirt wie immer. Die drei Freunde verbrachten einen tollen Nachmittag miteinander und sie überlegten, ob sie nicht ihr Taschengeld zusammenlegen sollten, um sich einen neuen Fußball zu kaufen.
Nach diesem Tag ließ Anna sich aber wieder nicht blicken. Eine ganze Woche lang!
Auf dem Schulhof schwatzte sie nur noch mit ihren Freundinnen. Für Steffen und Tobias aber hatte sie keinen Blick übrig – und mit den beiden reden wollte sie schon gar nicht!
Tobias und Steffen vermissten sie, denn sie war immer so lustig und voller guter Einfälle gewesen.
Eines Tages, als die beiden an Anna vorbeigingen, hörte sie deutlich, wie Steffen laut und verärgert sagte: „Man könnte meinen, wir seien keine Menschen mehr!“

Kannst du diese Fragen beantworten?

- Mit wem war Anna früher oft zusammen und was haben sie unternommen?

....

- Warum spielt Anna wohl nicht mehr so oft Fußball mit Tobias und Steffen?

....

- Warum handelt Anna wohl so?

....

....

- Was fühlen Tobias und Steffen dabei?

....

....

Als Annas Großmutter klein war

Gestern fragten Steffen und Tobias Anna, ob sie Lust habe, mit ihnen Fußball zu spielen. Anna lehnte höflich ab und meinte, ihre Großmutter sei zu Besuch gekommen und sie könne daher nicht weg.
Annas Großmutter hatte das gehört und nachdem die beiden Jungen enttäuscht gegangen waren, setzte sie sich zu Anna, nahm ihre Enkelin in den Arm und erzählte:
„Als ich klein war, lebte ich in einer kleinen Stadt. In der Schule waren Jungen und Mädchen streng getrennt. Die Jungen gingen zu ihrem Herrn Lehrer in die Jungenklasse, die Mädchen hatten eine Lehrerin und gingen in die Mädchenklasse. Sogar in der Pause durften Jungen und Mädchen nicht miteinander spielen.
Ich hielt mich nicht daran und spielte natürlich doch mit den Jungs. In meiner Straße wohnten besonders viele und ich fand ihre Spiele viel interessanter als die der Mädchen.
Doch dann kam eine Zeit, da mochte ich nicht mehr mit den Jungen spielen. Sie kamen mir vor, als seien sie Wesen von einem anderen Planeten. Ich brauchte Zeit zu wachsen.“

- Wie denkst du über die Bestimmungen von damals?

- Würde dir eine Schule mit getrennten Jungen- und Mädchenklassen gefallen?

2.5 Der, die oder das Frosch?

Unterrichtsplanung und -vorbereitung

Unterrichtsziel:

Steht die geschlechtsspezifische Zuordnung der Wesen, so wie wir sie vom täglichen Sprachgebrauch her kennen, in direktem Zusammenhang mit dem tatsächlichen Geschlecht? Werden Sachen stets als sächlich bezeichnet? Auf diese Fragen soll in der vorliegenden Unterrichtseinheit im Rahmen der philosophischen Erörterungen aufmerksam gemacht werden. Zugleich wird die Frage aufgeworfen, ob eines der drei Geschlechter höheres Ansehen als die beiden anderen genießt; und wenn ja: Kann es hierfür eine sachliche Berechtigung geben?

Bezugsrahmen:

Dies ist die letzte der fünf Unterrichtseinheiten, die in der zweiten Klasse angeboten werden.

Zeitrahmen:

1 Unterrichtsstunde

Hilfsmittel:

Vorbereitete Kopiervorlage:
Arbeitsblatt 1: „Sachen“
Arbeitsblatt 2: „Menschen, Tiere, Pflanzen“
Arbeitsblatt 3: „Froschgesichter“

Weiteres Material:
Sinnvoll wäre das Arbeitsblatt „Frösche“ aus der Unterrichtseinheit 2.5 in dem Band „Freunde – Gegner – Feinde“.

Verlauf der Unterrichtseinheit

Erste Unterrichtsstunde: Sächlich – Weiblich – Männlich

Einstieg:
Der Lehrer hält das erste Arbeitsblatt aus der Unterrichtseinheit „Sei kein Frosch!“ (siehe den Band „Freunde – Gegner – Feinde“) hoch und fragt die Schüler, ob sie sich noch erinnern.

Verlauf der Unterrichtsstunde:
Die Schüler hatten damals Frösche gemalt und ihnen Farben, Charaktere, Verhaltensweisen etc. zugeordnet, um sie zu unterscheiden. Aber hatten sich die Frösche auch im Geschlecht unterschieden? Hatten die Schüler auch einen Herrn oder eine Frau Frosch gezeichnet? Hatte jemand ein Froschkind – Mädchen oder Junge – gemalt? Gibt es überhaupt männliche, weibliche oder gar sächliche Frösche? Sagt man: **der** Frosch, **die** Frosch oder **das** Frosch?

Der Lehrer lädt die Schüler ein, sich zur philosophischen Besprechung zusammenzusetzen. In dem Unterrichtsgespräch werden natürlich die bereits bekannten Regeln beachtet:

- *Niemand wird unterbrochen.*
- *Jeder hört zu.*
- *Die Schüler bemühen sich, Schlussfolgerungen zu ziehen und auf das aufzubauen, was zuvor gesagt wurde.*
- *Der Lehrer ist Zuhörer und Mitdenker; er leitet behutsam durch das Gespräch.*
- *Er achtet darauf, dass alle Beiträge auf ihre Stichhaltigkeit hin geprüft werden.*
- *Die Schüler lassen eine faire Besprechung ihrer eigenen Anschauung zu und sind bereit, ihre eigenen Ansichten gegebenenfalls zu ändern.*

Aber jetzt:
Wenn es sich um einen Herrn Frosch handelt und man sagt **der** Frosch, ist ja alles in Ordnung. Wenn es sich jedoch um eine Frau Frosch handelt? Oder wenn der Frosch ein Kind (**das**) ist? Halten die Schüler es für richtig, wenn man für die Frau Frosch **der** Frosch sagt? Wenn man für **das** Kind **der** Frosch sagt, insbesondere wo **das**

Kind ja auch noch ein Mädchen sein kann?
Und überhaupt: Wieso sagt man **das** Mädchen, wo es ja nicht sächlich, sondern weiblich ist?
Woher kommt eigentlich der Ausdruck „sächlich"? Von dem Wort „Sache" vielleicht?
Werden denn alle Sachen als sächlich bezeichnet?
Beispiele werden gesucht. Um den Schülern die Suche etwas einfacher zu machen, teilt der Lehrer das erste Arbeitsblatt („Sachen") aus. Es wird in gemeinsamer Arbeit ausgefüllt, ohne die Besprechungsrunde aufzulösen. Das Gespräch kann unterdessen weitergeführt werden; zumindest behalten die Schüler die Möglichkeit, Fragen zu stellen und Kommentare zu machen. Dabei werden weiterhin die Regeln der Philosophierunde befolgt.

Gibt es eine Erklärung dafür, dass Sachen mal sächlich, mal weiblich oder männlich sind?
Was halten die Schüler davon, dass Sachen nicht immer als sächlich bezeichnet werden?
Und wie verhält es sich mit den Nicht-Sachen, den Lebewesen?
Wie verhält es sich mit Menschen, Tieren und Pflanzen?
Auch hierzu werden Beispiele gesucht und nach einer kurzen mündlichen Besprechung wird das zweite Arbeitsblatt („Menschen, Tiere, Pflanzen") als Denkhilfe ausgeteilt.
Wie schon beim ersten Arbeitsblatt, wird auch hier die Denk- und Besprechungsrunde während des gemeinschaftlichen Ausfüllens weitergeführt.

Können die Schüler weitere Beispiele aus der Tierwelt nennen, in denen die Herren, die Damen und die Kinder Tier eine eigenständige Bezeichnung haben, wie z. B. Hengst, Stute und Fohlen beim Pferd?
Finden die Schüler dies richtig? Warum?
Welche Benennungen gibt es beim Menschen für Herren, Damen und Kinder?
Wie viele Begriffe können die Schüler für die Herren nennen?
Wie viele finden sie für die Damen?
Und wie viele gibt es für männliche Kinder? Und für weibliche Kinder?
Wie lässt es sich wohl erklären, dass es viel mehr Bezeichnungen für männliche Kinder und Erwachsene als für weibliche gibt?
Was halten die Schüler davon?
Würden sie diesen Zustand ändern wollen?
Gibt es sächliche Wörter für männliche Kinder oder Erwachsene?
Und gibt es sächliche Ausdrücke für weibliche Kinder oder Erwachsene?

Welche Erklärung könnte es für diesen Sachverhalt geben?
Kann der Lehrer etwas hierzu sagen?
Kann dies daher rühren, dass die Menschen früher vielleicht die Jungen und die Männer für tüchtiger oder wichtiger hielten als die Mädchen und die Frauen?
Wenn das so war, wie mögen die Menschen von früher auf solche Gedanken gekommen sein?
Und: Von wem genau werden solche Überlegungen wohl stammen, von Frauen etwa?
Können solche Ansichten etwas damit zu tun haben, dass Körperkraft noch vor nicht allzu langer Zeit sehr wichtig für das Überleben war, bei der Jagd, beim Ackerbau, beim Hausbau, im Krieg usw.?
Wer hat denn üblicherweise die größere Körperkraft, Jungen oder Mädchen, Frauen oder Männer?
Ist auch heute noch Körperkraft in diesem Sinne so sehr wichtig? Warum nicht mehr?
Sollte man also heute noch genauso über die Körperkraft von Mann und Frau denken wie früher?

Welche Eigenschaften, außer Körperkraft, zählen noch bei der Einschätzung eines Menschen?
Wie wollen die Schüler Mädchen und Jungen, Männer und Frauen im Vergleich zueinander von nun an einschätzen?

Um diese Unterrichtseinheit abzuschließen und zur Entspannung erhalten die Schüler das Arbeitsblatt mit den Froschgesichtern. Die Kinder werden aufgefordert, die vier Gesichter ihrem ganz persönlichen Geschmack nach farbig auszumalen. Dabei weist der Lehrer ausdrücklich darauf hin, dass sie den Fröschen weibliche oder männliche, kindliche oder erwachsene Züge geben können.
Während des Ausmalens kann das philosophische Unterrichtsgespräch weitergeführt werden. Dies sollte aber in entspannter Atmosphäre geschehen, ohne dass der Lehrer ein konsequent geleitetes Gespräch durchzuführen versucht. Wenn die Schüler sprechen wollen, Fragen stellen oder Kommentare machen wollen, so dürfen sie das; die Rolle des Lehrers besteht in dieser Phase einzig darin, zur Verfügung zu stehen und darauf zu achten, dass die Philosophieregeln eingehalten werden.

Sachen

Eigentlich müssten Sachen ja sächlich sein. Aber sind sie das auch wirklich? Ordne einmal diese Gegenstände ihrem jeweiligen Geschlecht zu!

Auto, Ball, Bett, Blatt, Bleistift, Buch, Fahrrad, Fernsehgerät, Garten, Halstuch, Haus, Heft, Katalog, Lampe, Mähmaschine, Maske, Musikkassette, Musiktruhe, Puppe, Radiergummi, Radio, Rundfunkapparat, Sandale, Schlauch, Schuh, Schulmappe, Schulranzen, Schüssel, Spielkarte, Stuhl, Tisch, Zeitung, Zelt

Der	Die	Das
....	....	....
....	....	....
....	....	....
....	....	....
....	....	....
....	....	....
....	....	....
....	....	....
....	....	....
....	....	....
....	....	....

Menschen, Tiere, Pflanzen

Menschen, Tiere und Pflanzen haben ein Geschlecht und sind entweder weiblich (die) oder männlich (der). Aber werden sie im täglichen Sprachgebrauch auch immer so bezeichnet? Ordne diese Menschen, Tiere und Pflanzen doch einmal ihrem jeweiligen Geschlecht zu!

Ahorn, Baby, Bäumchen, Blume, Bock, Dame, Efeu, Enterich, Farn, Ferkel, Flieder, Fohlen, Frau, Fräulein, Gattin, Getreide, Gras, Henne, Junge, Kalb, Keiler, Kind, Knabe, Knöterich, Kraut, Kuh, Küken, Lamm, Mädchen, Magd, Maid, Mann, Männlein, Mensch, Pflanze, Rose, Sau, Säugling, Stier, Stute, Vergissmeinnicht, Weinrebe, Welpe, Zicke, Zwergkiefer

Der	Die	Das

Froschgesichter

3.1 Füttern und streicheln verboten!

Unterrichtsplanung und -vorbereitung

Unterrichtsziel:

Ziel dieser Unterrichtseinheit ist es, die Schüler darauf aufmerksam zu machen, dass sie ein Recht auf physische Integrität besitzen. Zusätzlich werden sie auf Gefährdungen hingewiesen, denen sie in dieser Hinsicht begegnen können.

Bezugsrahmen:

Dies ist die erste der vier Unterrichtseinheiten, die in der dritten Schulklasse angeboten werden.

Zeitrahmen:

2 Unterrichtsstunden

Hilfsmittel:

Vorbereitete Kopiervorlagen:
Arbeitsblatt 1: „Streicheln?“
Arbeitsblatt 2: „Anfassen?“
Arbeitsblatt 3: „Erst füttern, dann streicheln?“
Arbeitsblatt 4: „Wann, wer, was?“

Verlauf der Unterrichtseinheit

Erste Unterrichtsstunde: Allerlei Streicheleinheiten

Einstieg:
Der Lehrer lädt seine Schüler ein, sachte mit der einen Hand über den Handrücken der anderen Hand zu fahren. Was empfinden die Schüler hierbei? Wie nennt man diese Bewegung?

Verlauf der Unterrichtsstunde:
Der Ausdruck „streicheln“ wird herausgearbeitet. Wer hat schon einmal jemanden gestreichelt? Warum hat er das getan? Was hat er selbst dabei empfunden? Was hat derjenige empfunden, der gestreichelt wurde?
Wer wurde schon gestreichelt? Was haben die Schüler hierbei empfunden? War es ihnen immer angenehm? Wann haben sie es als unangenehm empfunden? Warum?

Gemeinsam wird besprochen, wer üblicherweise wen streichelt. Beispiele werden aufgezählt. Würde den Schülern etwas fehlen, wenn sie nicht manchmal von ihrer Mutter oder ihrem Vater gestreichelt würden? Brauchen Kinder Zärtlichkeiten?
Aber: Sind ihnen Zärtlichkeiten immer willkommen? Zu welchem Zeitpunkt nicht? Von wem nicht? Die Schüler sollen ihre Antworten kurz erklären.

Der Lehrer erläutert nun das weitere Vorgehen. Zusammen mit den Schülern sollen mehrere Beispiele untersucht werden, in denen ein Hund gestreichelt werden soll. Er liest die Episoden, die sich auf dem ersten Arbeitsblatt befinden, einzeln vor und gibt den Schülern Zeit, kurz darauf einzugehen.

Jeder Schüler erhält dann eine Kopie des Arbeitsblattes, die er nun in aller Ruhe lesen und vervollständigen kann.

Bei der anschließenden Besprechung achtet der Lehrer darauf, dass die Schüler ihre jeweiligen Antworten begründen oder wenigstens versuchen, sie zu erklären.

Die erste Geschichte wird gemeinsam gelesen und die Antworten der Schüler werden untersucht:

- *Wer geht spazieren?*
- *Wo geht er spazieren?*
- *Wem begegnet er?*
- *Wer soll gestreichelt werden?*
- *Muss der Hund sich das gefallen lassen?*

Mit den folgenden Episoden wird ebenso verfahren.

- *Was unterscheidet sie?*
- *Inwiefern unterscheiden sich die Reaktionen der Schüler?*
- *Sehen die Schüler in den Streichelwünschen eine Gefahr:*
  - *für den Hund und/oder*
  - *für das Kind?*

Wie würden die Schüler selbst in der jeweiligen Situation reagieren?

Dann leitet der Lehrer von den Hunden zu den Menschen über: Nicht immer wollen Fremde nur den Hund streicheln. Manchmal wollen sie auch die Kinder selbst streicheln. Kann einer der Schüler von einem solchen Erlebnis berichten?

Was mögen die Erwachsenen sich wohl dabei denken, wenn sie Kinder streicheln möchten?
Ob sie glauben, sie hätten ein Recht darauf?
Haben die Kinder das Recht, in einem solchen Fall „Nein" zu sagen?
Ist es manchmal notwendig sich anfassen zu lassen? Wann und von wem?

Der Lehrer teilt den Schülern mit, dass er auch hierzu ein paar Beispiele mitgebracht hat und dass er möchte, dass sie sich hierzu äußern.
Er verteilt das zweite Arbeitsblatt und gibt den Schülern Gelegenheit, es in Ruhe durchzulesen und es dann schriftlich zu vervollständigen.

Vor der Besprechung der Schülertexte will der Lehrer wissen, ob die Schüler bei einer der Geschichten ein seltsames Gefühl hatten. Hat das Benehmen einer der Personen ihr Misstrauen geweckt? Wieso?
Dann werden die kleinen Geschichten der Reihe nach besprochen und die Schüler erhalten Gelegenheit, ihre Meinungen, die sie schriftlich festgehalten haben, vorzulesen und gegebenenfalls zu erklären.

Zweite Unterrichtsstunde: Anfassen als Delikt

Einstieg:
Der Lehrer erinnert die Schüler an die verschiedenen Episoden vom ersten und vom zweiten Arbeitsblatt.

Verlauf der Unterrichtsstunde:
Dann kommt er noch einmal auf die zweite Anfassgeschichte zurück. Sind die Schüler der Ansicht, dass sie in einem solchen Fall mit jemanden darüber reden sollten?
Wenn ja, mit wem? Und was soll man sagen? Soll man es sofort jemandem sagen oder erst später?
Vielleicht sind auch einige Schüler der Meinung, dass man besser nicht darüber reden sollte. Warum? Sollte das Kind sich etwa schämen? Wieso?
Das Kind ist ja das Opfer. Ist das Opfer etwa schuld oder auch nur mitschuldig?
Wenn einer so etwas behauptet, will er dann nicht vielleicht etwas ganz Bestimmtes erreichen? Vielleicht, dass das Kind, also das Opfer, nichts weitererzählen soll?
Warum befürchtet der Täter, dass das Kind etwas weitererzählen könnte? Was würde dann mit dem Täter geschehen?

Es ist wichtig, dass der Lehrer es ganz deutlich macht:
Der Schuldige ist der Täter. Er muss sich schämen, nicht das Opfer!

Nun leitet der Lehrer zu Arbeitsblatt 3 („Erst füttern, dann streicheln?") über:
Manchmal machen Erwachsene Kindern Geschenke. Warum tun sie das?
Geschieht es immer in der Absicht, den Kindern eine Freude zu machen? Oder verfolgen sie manchmal ganz bestimmte Ziele?
Schenkt die Mutter oder der Vater seinem Kind nicht hie und da etwas, bloß damit es gut für die Schule lernt oder um es zu belohnen?
Wie denken die Kinder über solche Geschenke?

Können die Schüler sich vorstellen, dass Erwachsene auch noch andere Absichten verfolgen, wenn sie Kindern Geschenke machen? Welche?
Um welche Geschenke mag es sich in solchen Fällen wohl oft handeln? Um Naschereien?
Wenn jemand den Schülern Schleckereien oder andere Geschenke anbieten würde: Welches Gefühl hätten die Kinder dabei?

Der Lehrer erklärt, dass er einige konkrete Beispiele mit den Schülern besprechen will. Zuerst aber sollen sie sich eine eigene Meinung bilden und diese dann aufschreiben. Das dritte Arbeitsblatt wird also verteilt und in Ruhe von den Schülern vervollständigt.

Gemeinsam wird dann die erste Episode gelesen.
Welche Speise hat die Tante gekocht? Verfolgt sie damit eine bestimmte Absicht?
Was denkt das Kind, als es das Gericht sieht? Was denkt es, als die Tante ihm dann mit der Hand über den Kopf fährt? Schmeckt die Lieblingsspeise da noch?
Was würden die Kinder der Tante raten?
Nun lesen die Schüler ihre persönliche Meinung vor, die sie ja vorher aufgeschrieben haben.

Dann leitet der Lehrer zur zweiten Episode über. Sie wird zuerst gemeinsam gelesen, dann besprochen.
Finden die Schüler, dass es normal ist, wenn ein Gast ihrer Eltern zu ihnen ins Zimmer kommen würde? Würden sie einen Unterschied machen, je nachdem, um wen es sich handelt?
Warum will der Mann, dass sein Tun ein Geheimnis bleiben soll? Welche Meinung haben die Schüler über diesen Mann? Und warum zieht er das Kind auf seinen Schoß?
Macht es einen Unterschied, ob es sich bei dem Kind um ein Mädchen oder um einen Jungen handelt? Warum bzw. warum nicht?
Was würden die Schüler dem betroffenen Kind raten?
Was würden sie den Eltern des Kindes gerne sagen?
Muss ein Kind sich solch ein Benehmen gefallen lassen?
Die niedergeschriebenen Meinungen werden von den Schülern vorgelesen und wenn nötig diskutiert.

Die dritte Episode wird zusammen gelesen.
Wer mag der Erwachsene sein? Kennt er das Kind und kennt das Kind ihn? Könnte es sich auch um den Vater eines Mitschülers handeln? Oder um jemanden, mit dem die Mutter schon einmal gesprochen hat? Könnte es sich um einen jungen oder einen pensionierten Lehrer handeln? Um einen Priester, einen Polizisten, den Bürgermeister? Bekommt das Geschehen eine andere Bedeutung, je nachdem welchen Beruf der Mann ausübt? Ist etwas Unrechtes nicht immer etwas Unrechtes, ganz gleich, von wem es ausgeht?
Wie hätten die Schüler im vorliegenden Fall reagiert? Was würden sie dem Kind raten? Soll es mit jemandem darüber reden?
Die Notizen hierzu werden wiederum vorgelesen und gegebenenfalls vertiefend besprochen.

Nun wird Episode Nummer vier in der Klasse gelesen.
Wer ist in dieser Geschichte der Mann? Was tut der Vater? Finden die Kinder das richtig? Soll ein Vater sich so benehmen? Gibt er so dem Kind neue Kraft?
Auch hier werden die Meinungen der Kinder angehört und eventuell erörtert.

Der Lehrer fasst zusammen:
Manchmal mag man es berührt zu werden, manchmal auch nicht. Das hängt von verschiedenen Faktoren ab.
Die Schüler nennen einige: die Laune, der Augenblick, der Ort, die Person, um die es sich handelt, die Menschen, die auch noch anwesend sind usw.

Auch dies will untersucht werden. Deshalb verteilt der Lehrer nun das vierte Blatt. Die Schüler lesen die Aufgabe gemeinsam und führen sie dann in Stillarbeit aus.

Anschließend werden die Vorgaben gemeinsam gelesen. Die Schüler geben dann jeweils ihre Antwort, indem sie sich auf ihr Arbeitsblatt beziehen. Jede Problemstellung wird besprochen und auf mögliche Gefahren hin untersucht.

Dann wird noch einmal zusammengefasst:
Wer muss sich schämen, das Opfer oder der Täter?
Wer kann der Täter sein?
Soll man gegebenenfalls mit jemandem reden?
Haben die Kinder das Recht, sich nicht von jedermann anfassen zu lassen?

Streicheln?

Du siehst hier mehrere kleine Geschichten. Denke nach und schreibe in ein paar kurzen Sätzen jeweils deine Meinung hinzu!

1. Streichelgeschichte

Ein Junge in deinem Alter geht mit seinem Hund spazieren. Er begegnet einer älteren Dame. Sie lächelt ihm zu und sagt, er habe aber einen allerliebsten Hund. Ob sie ihn (den Hund) einmal streicheln darf?

Deine Meinung: ....

....

....

2. Streichelgeschichte

Ein Junge in deinem Alter geht mit seinem Hund spazieren. Er begegnet einem älteren Herrn. Dieser lächelt ihm zu und sagt, der Junge habe aber einen allerliebsten Hund. Ob er ihn (den Hund) einmal streicheln darf?

Deine Meinung: ....

....

....

3. Streichelgeschichte

Ein Junge in deinem Alter geht mit seinem Hund in einem einsamen Park spazieren. Er begegnet einem Mann. Dieser lächelt ihm zu und sagt, der Junge habe aber einen allerliebsten Hund. Ob er ihn (den Hund) einmal streicheln darf?

Deine Meinung: ....

....

....

4. Streichelgeschichte

Ein Mädchen in deinem Alter geht mit seinem Hund in einem einsamen Park spazieren. Es begegnet einem Mann. Dieser lächelt dem Mädchen zu und sagt, es habe aber einen allerliebsten Hund. Ob er ihn einmal streicheln darf?

Deine Meinung: ....

....

....

Anfassen?

Du siehst hier vier weitere kleine Geschichten. Überlege gut und schreibe dann erst deine Meinung hinzu!

1. Anfassgeschichte
Deine Mutter ist mit dir in einen Laden gegangen; du sollst eine neue Hose bekommen. Der Verkäufer nimmt ein Metermaß und misst die Länge deiner Beine. Dann legt er das Band um deine Taille.

Deine Meinung: ....

....

....

2. Anfassgeschichte
Du bist im Hallenbad. Ein fremder Mann spricht dich an: Er will dir etwas Neues zeigen. Dazu fasst er dich an, auch an Stellen, an denen dich sonst niemand berührt.

Deine Meinung: ....

....

....

3. Anfassgeschichte
Der Schularzt, den du schon lange kennst, kommt in die Schule und will dich und deine Schulfreunde untersuchen. Dazu sollt ihr euch ausziehen und berühren lassen. Dabei ist keiner von euch krank!

Deine Meinung: ....

....

....

4. Anfassgeschichte
Ein paar Klassen aus eurer Schule machen gemeinsam einen Ausflug. Auf einer Wiese gerätst du mitten in die Brennnesseln. Ein Lehrer, den du noch nie gesehen hast, reibt dir eine Salbe auf die Fußknöcheln und sagt, du sollst die Hose etwas hochziehen, damit er dir auch die Beine unten einkremen kann.

Deine Meinung: ....

....

....

Erst füttern, dann streicheln?

Hier sind noch vier andere Geschichten. Überlege auch diesmal gut und schreibe dann deine Meinung hinter jede Episode! Falls dir so etwas geschehen würde, möchtest du dann mit jemandem darüber reden? Wenn ja, dann schreibe jeweils hinzu: Ich würde es ... sagen.

1. Episode
Du bist zu Besuch bei deiner Tante. Sie hat sich besonders viel Mühe gegeben, dir deine Lieblingsspeise zu kochen. Während du isst, streichelt sie dir mit der Hand über den Kopf. Du kannst das überhaupt nicht ausstehen.

Deine Meinung: ....

....

....

2. Episode
Deine Eltern haben viele Leute eingeladen. Es wird gegessen und getrunken. Als du einmal in dein Zimmer gehst, kommt einer der Gäste hinter dir her, schließt die Tür und sagt, er habe dir etwas Gutes mitgebracht. Aber du musst versprechen, dass es ein Geheimnis bleiben wird. Ehe er es dir gibt, zieht er dich auf seinen Schoß.

Deine Meinung: ....

....

....

3. Episode
Auf einem Schulfest kommt ein Erwachsener zu dir und sagt, er habe viele Süßigkeiten mitgebracht. Du kannst dir so viele davon nehmen, wie du willst – du musst sie nur aus seiner Hosentasche herausfischen. Als du das tun willst, legt er seinen Arm um dich.

Deine Meinung: ....

....

....

4. Episode
Du bist krank und mit deinem Vater allein. Er gibt dir einen Saft, der dir helfen wird, aber sehr bitter schmeckt. Du musst weinen. Dein Vater redet dir gut zu und schließt dich fest in seine Arme.

Deine Meinung: ....

....

....

Wann, wer, was?

Manchmal magst du es, in die Arme genommen oder gestreichelt zu werden, manchmal weniger, manchmal auch gar nicht. Das hängt nicht nur von deiner augenblicklichen Laune, sondern auch von den Umständen und natürlich von der betreffenden Person ab. Es ist wichtig, dass du dir hierüber im Klaren bist. Diese Beispiele sollen dir helfen, Klarheit zu gewinnen. Überlege auch diesmal gut und kreuze dann das an, was du für richtig hältst.
Es wäre übrigens eine gute Sache, wenn du dieses Blatt deinen Eltern oder wenigstens deiner Mutter zeigen würdest.

Wann?	Wer und was?	Willst du das?
Du hast dich erkältet und fühlst dich überhaupt nicht gut. Du bist froh endlich nach Hause zu kommen.	Mutter berührt deine Stirn um zu sehen, ob du Fieber hast. Dann nimmt sie dich in die Arme.	☐ Ja ☐ Nein ☐ Weiß nicht
Ihr fahrt zu Tante Maria, die weit weg wohnt. Sie ist sehr lieb und du magst sie wirklich sehr.	Tante Maria will dich zur Begrüßung küssen. Aus Erfahrung weißt du, dass das eine sehr nasse Angelegenheit ist.	☐ Ja ☐ Nein ☐ Weiß nicht
Du bist echt schlecht gelaunt.	Deine Mutter will dich auf den Schoß nehmen.	☐ Ja ☐ Nein ☐ Weiß nicht
Im Park begegnest du einem Mann, der dir ein schönes Geschenk verspricht und dir jetzt schon einmal Bonbons gibt.	Er sagt, du sollst mit ihm kommen, und legt seinen Arm um dich.	☐ Ja ☐ Nein ☐ Weiß nicht
Du hast eben einen tollen Witz gemacht und alle lachen sich kaputt.	Ein Mädchen/ein Junge kommt zu dir und gibt dir lachend einen Kuss auf die Wange.	☐ Ja ☐ Nein ☐ Weiß nicht
Großvater gibt dir zum Geburtstag einen Geldschein.	Er zieht dich an sich und sagt, dass er jetzt aber auch ein Recht auf einen Kuss von dir hat.	☐ Ja ☐ Nein ☐ Weiß nicht
Ihr spielt in eurer Hütte, als plötzlich einer der älteren Jungen eine ausgefallene Idee hat.	Er sagt, ihr solltet jetzt alle ganz nahe zusammenrücken und euch überall anfassen.	☐ Ja ☐ Nein ☐ Weiß nicht
Deine beste Freundin hat einen fürchterlichen Schnupfen.	Sie sagt, es gehe ihr nicht gut, und sie möchte, dass du sie einmal ganz fest in die Arme nimmst.	☐ Ja ☐ Nein ☐ Weiß nicht
Dein bester Freund hat einen fürchterlichen Schnupfen.	Er sagt, es gehe ihm nicht gut, und er möchte, dass du ihn einmal ganz fest in die Arme nimmst.	☐ Ja ☐ Nein ☐ Weiß nicht

3.2 Geheimnisse

Unterrichtsplanung und -vorbereitung

Unterrichtsziel:

Kinder mögen Geheimnisse. Doch nicht immer liegt es im Interesse der Kinder, eine Heimlichkeit für sich zu behalten. Diese Unterrichtseinheit setzt sich zum Ziel, das Augenmerk der Schüler hierauf zu lenken und anhand einiger Beispiele zu üben, wie sie zwischen guten und schlechten Geheimnissen unterscheiden können.

Bezugsrahmen:

Dies ist die zweite der vier Unterrichtseinheiten, die in der dritten Klasse angeboten werden.

Zeitrahmen:

3 Unterrichtsstunden

Hilfsmittel:

Vorbereitete Kopiervorlagen:
Arbeitsblatt 1a: „Geheimnisse 1"
Arbeitsblatt 1b: „Geheimnisse 2"
Arbeitsblatt 2: „Der unbekannte Mann"
Arbeitsblatt 3: „Der wild gewordene Einkaufswagen"
Arbeitsblatt 4: „Wenn ich nur wüsste ..."

Verlauf der Unterrichtseinheit

Erste Unterrichtsstunde: Geheimnis ist nicht gleich Geheimnis

Einstieg:
Der Lehrer erwähnt, dass Menschen immer schon Geheimnisse gehabt haben. Dazu bemerkt er, dass es sich manchmal um gute und manchmal um schlechte Geheimnisse handelt. Er eröffnet den Schülern, dass auch er ein Geheimnis ihnen gegenüber hat. Er weiß nämlich, wann die nächste Prüfung stattfinden wird – und sie nicht!

Verlauf der Unterrichtsstunde:
Die Schüler sollen nun sagen, ob es sich ihrer Meinung nach dabei um ein gutes oder um ein schlechtes Geheimnis handelt. Dabei ist es wichtig, dass sie ihre Einstufung in gut oder schlecht begründen müssen!
Ein Ergebnis der kurzen Aussprache wird sein, dass es bei dieser Einschätzung auch auf den eigenen Standpunkt ankommt.
Weitere Beispiele werden gesucht und kurz besprochen.
Welche Arten von Geheimnissen gibt es? Wovon handeln sie?
Warum verspürt man manchmal den Wunsch, ein Geheimnis zu haben, also Wissen alleine zu besitzen?

Kann ein Gegenstand zum Geheimnis werden? Wodurch?
Vielleicht dadurch, dass man als Einziger von seiner Existenz weiß?
Können Geschichten, die man gehört hat, zum Geheimnis werden? Auf welche Art?
Aber wenn man sie gehört hat, so müssen ja noch andere Menschen sie kennen! Sind es dann noch Geheimnisse? Sind es nur Geheimnisse gegenüber bestimmten Menschen, den Eltern, dem Lehrer etwa? Kennen die Schüler den Begriff „Insider-Geheimnis"?

Kann Erlebtes ein Geheimnis sein oder werden? Wie?

Die Schüler zählen Beispiele auf, wobei sie auch erfinden dürfen – schließlich sollen sie ja keine Geheimnisse verraten.

Wann kann man ein Geheimnis als gut, wann als schlecht bezeichnen? Warum?

Warum möchte man manchmal etwas Erlebtes für sich behalten?
Weil es so schön war, die Erinnerung daran aber zerstört werden könnte, wenn Dritte davon wüssten?
Oder weil man sich schämt, etwas getan zu haben?
Oder weil die Erinnerung so hässlich ist, dass man gar nicht mehr daran denken will?

Die Schüler führen die auf den Arbeitsblättern 1a und 1b vorgesehenen Aufgaben in individueller Arbeit aus, nachdem der Lehrer sich vergewissert hat, dass die Anweisungen begriffen worden sind. Die Schüler erhalten zusätzlich die Möglichkeit, eigene Beispiele zu erfinden und hinzuzuschreiben.

Nach einer angemessenen Zeit werden die fertig gestellten Arbeiten besprochen. Wie begründen die Schüler ihre Einstufungen der Geheimnisse in die verschiedenen Rubriken? Haben alle Schüler dieselbe Wahl getroffen? Warum ja, warum nicht? Manchmal konnten die Kinder sich nicht entscheiden, ob es sich um ein gutes oder um ein schlechtes Geheimnis handelt. Sie belegen dies. Sind alle Kinder derselben Meinung?

Zweite Unterrichtsstunde: Zweifelhafte Geheimnisse

Einstieg:
Der Lehrer kann diese zweite Unterrichtsstunde auf verschiedene Art und Weise einleiten. Sehr gut würde sich ein aktueller Fall eignen, der der Begebenheit auf Arbeitsblatt 2 ähnelt. Als Variante kann der Lehrer auch aus seiner persönlichen Erfahrung von einem entsprechenden Fall erzählen. Alternativ und auch zusätzlich hierzu besteht die Möglichkeit, die Kinder direkt zu befragen, ob sie schon einmal beobachtet haben, wie jemand sich auffällig benommen hat.

Verlauf der Unterrichtsstunde:
Nachdem verschiedene Ereignisse besprochen worden sind, wird der Frage nachgegangen, warum wir sagen, dass jemand sich auffällig benimmt. Hat es etwas mit seiner Kleidung zu tun, mit seinem Aussehen im Allgemeinen, mit seinem Gesichtsausdruck, mit seinem Benehmen oder mit der Tatsache, dass er sich in einem bestimmten Moment an einem unerwarteten Ort befindet?
Die Kinder stellen Vermutungen an und gemeinsam wird mit Hilfe von konkreten Beispielen versucht die Wahrheit zu finden.
Dabei stellt sich heraus, dass es nicht immer möglich ist, die Wahrheit zu erraten.
So auch im Fall des unbekannten Mannes (siehe Arbeitsblatt 2), dem Alexander begegnet.

Die Schüler erhalten dieses Arbeitsblatt und schreiben die Geschichte zu Ende. Nach getaner Arbeit wird zuerst der vorgegebene Text zweimal gemeinsam gelesen, dann erst werden die Niederschriften vorgetragen und besprochen.
Was hat dazu geführt, dass manche Schüler den Unbekannten als suspekt, andere ihn aber als harmlos eingeschätzt haben. Wer könnte der Mann sein? Ein Bösewicht? Ein Vater, der nicht mehr das Recht hat, mit seinem Kind zu reden? Jemand, der eine ganze Schulklasse als Geiseln nehmen will? Wer könnte es noch sein?
Würden die Kinder ebenso über die fremde Person urteilen, wenn es sich dabei um eine Frau handelte? Warum?

Was also soll Alexander tun? Wozu?
Ist Alexander in diesem Fall im Besitz eines guten oder eines schlechten Geheimnisses?
Wie würden die Schüler an seiner Stelle handeln?

Der Lehrer leitet über:
Manchmal ist es aber ganz klar, um was es sich handelt. Aber dann kann es trotzdem vorkommen, dass man nicht weiß, ob man sein Geheimnis preisgeben soll oder nicht. So wie das beispielsweise in der Erzählung mit dem wild gewordenen Einkaufswagen der Fall ist.

Arbeitsblatt 3 wird an die Schüler ausgeteilt und zusammen gelesen. Können die Kinder sich die Lage genau vorstellen? Notfalls fertigt der Lehrer eine kleine Skizze an der Tafel an und die Geschichte wird dann während einer weiteren Vorlesung anhand der Zeichnung erklärt.
Dann schreiben die Schüler sie zu Ende.

Wenn dies geschehen ist, liest der Lehrer den Originaltext ein weiteres Mal vor und die Schüler fügen dann ihre Erzählungen hinzu.
In der darauf folgenden Debatte achtet der Lehrer darauf, dass insbesondere der moralische

Aspekt ergründet wird. Jeder Schüler muss genau sagen, wieso er Sarah so oder so handeln lässt. Es wird auch geklärt, wer Schaden erlitten hat und wieso. Könnte der Schaden unter Umständen wieder gutgemacht werden?

Ist Sarahs Geheimnis ein gutes oder ein schlechtes Geheimnis? Soll Sarah ihr Wissen für sich behalten oder es weitergeben? Warum?

Der Lehrer leitet das Unterrichtsgespräch zur nächsten Etappe über:
Warum will man sein Geheimnis nicht jedem preisgeben? Fürchtet man die Reaktion? Kann man überhaupt vorhersehen, wie jemand auf ein Geheimnis reagieren wird?
Wovon wird die Reaktion abhängen? Vom Erzähler? Vom Geheimnis? Oder vom Zuhörer?

Können die Kinder etwas hierzu erzählen? Oder können sie vielleicht sogar eine ganze Geschichte erfinden?
Tja, wenn man nur wüsste ...

Arbeitsblatt 4 wird an die Schüler ausgeteilt. Sie sollen zuerst alles gründlich lesen und dann ein paar Minuten schweigend nachdenken. Sie können sich auch Notizen machen. Dann erst füllen sie die Spalten 1 (Das Geheimnis), 2 (Die Testperson) und 3 (Ich denke, so wird die Testperson reagieren) aus.

Nachdem dies geschehen ist, erhalten sie ausnahmsweise eine Hausaufgabe: Sie sollen ausprobieren, wie die Testperson in Wirklichkeit reagiert und das auch ganz ehrlich notieren.

Dritte Unterrichtsstunde: Geheimnisse und ihre Wirkung

Einstieg:
Die Schüler haben das vierte Arbeitsblatt ausgefüllt und mitgebracht. Sie können nun kurz erzählen, wie die Erstellung der Hausarbeit verlaufen ist.

Verlauf der Unterrichtsstunde:
Ein Schüler nach dem anderen liest sein erstes Geheimnis vor. Er berichtet auch, wer die Testperson war, und was er vermutet hatte, wie die Person reagieren würde. Hier unterbricht der Lehrer und will wissen, warum der Schüler eben diese Reaktion erwartet hat. Nachdem er eine befriedigende Antwort erhalten hat, fährt der Schüler fort und beschreibt die Erfahrung, die er dann tatsächlich gemacht hat. Lag er richtig mit seiner Einschätzung? Wenn nicht, stellt sich die Frage, ob es eine Erklärung dafür gibt.

Genauso wird mit den Geheimnissen 2 und 3 verfahren. Der Lehrer besteht jedes Mal darauf, dass die Erwartungen der Schüler mit den wirklich eingetretenen Reaktionen verglichen werden, und dass nach einer Erklärung gesucht wird.

Zum Schluss wird grob geschätzt, wie oft

- *jeder Schüler die erwartete Reaktion richtig eingeschätzt hat,*
- *jeder Schüler sich geirrt hat und*
- *die ganze Klasse mit ihren Einschätzungen Recht oder Unrecht hatte.*

Hier sollte der Lehrer die Gelegenheit nutzen, auf den Begriff des Vorurteils zu sprechen zu kommen.
Was sagt das Wort selbst schon aus: Vor-Urteil?
Nachdem die Schüler sich geäußert haben, wird der Begriff in einem kindgerechten Ethiklexikon nachgeschlagen und die Bedeutung des Wortes vorgelesen.
Die Schüler führen zum Thema Vorurteil einige Beispiele aus ihrer persönlichen Erfahrung an. So könnten sie beispielsweise erzählen, wie eine Lehrperson ihnen eines Tages Vorwürfe für etwas gemacht hat, für das sie gar nicht verantwortlich waren – und das bloß, weil sie schon einmal etwas Ähnliches angestellt hatten usw.

Um diese Unterrichtseinheit abzuschließen, können die Schüler eine kleine Geschichte verfassen, die sich um ein Geheimnis dreht.
Die Geschichten werden vorgelesen und gemeinsam stufen die Schüler dann die Geheimnisse in gute oder schlechte ein, wobei sie nicht vergessen, ihre jeweiligen Einstufungen auch zu begründen.

Geheimnisse 1

Schaue dir einmal die Aufstellung mit den verschiedenen Begriffen genauer an. Teile die Gegenstände, Geschichten und das Erlebte dann in gute und schlechte Geheimnisse ein und trage sie in diese beiden Spalten ein! Es genügt, wenn du Stichworte benutzt.

Gute Geheimnisse	Schlechte Geheimnisse
Gegenstände	***Gegenstände***
…………………………	…………………………
…………………………	…………………………
…………………………	…………………………
…………………………	…………………………
…………………………	…………………………
Geschichten	***Geschichten***
…………………………	…………………………
…………………………	…………………………
…………………………	…………………………
…………………………	…………………………
…………………………	…………………………
Erlebtes	***Erlebtes***
…………………………	…………………………
…………………………	…………………………
…………………………	…………………………
…………………………	…………………………
…………………………	…………………………

Geheimnisse 2

Gegenstände	Geschichten	Erlebtes
• ein Schatz, • etwas, das du gefunden hast, • ein Kästchen, • ein Geldschein, • ein Geschenk von Oma, • ein Geschenk für Mama, • eine Spritze, die am Boden lag, • ein Spielzeug, das du nach langer Zeit wieder entdeckt hast, • ein abgebrochener Bleistift, • die Armbanduhr, die man dir gestohlen hat	• ein Mädchen aus der 4. Klasse behauptet, dein zukünftiger Lehrer sei sehr streng, • ein Junge aus deiner Klasse sagt, bald würde es ein großes Erdbeben geben, • nächste Woche soll der Zahnarzt in die Schule kommen, • es wird erzählt, der Junge aus der anderen Straße würde sich nie richtig waschen, • Kinder berichten, sie hätten eine Patrone aus dem letzten Krieg gefunden	• du hast eine gute Note bekommen, • dein Freund ist hingefallen und hat sich die Hose zerrissen, • seit Tagen steht ein Unbekannter hinter einer Hecke und beobachtet die Kinder auf dem Schulhof, • die Mutter eines Schulfreundes hat das Stoppschild nicht beachtet und ist durchgefahren, • du hast beobachtet, wie jemand im Supermarkt einen Apfel gestohlen hat, • deine Lehrerin hat dir eine Strafarbeit gegeben, • du musst dauernd an dein neues Kuscheltier denken, • morgen werdet ihr einen Test schreiben, • der Mann oben aus der Straße hat dir ein kleines Auto geschenkt, • du hast von den letzten Ferien geträumt

Bei manchen Punkten bist du vielleicht nicht so sicher, ob es sich um ein gutes oder ein schlechtes Geheimnis handelt. Diese Dinge kannst du dann hier unten eintragen. Begründe auch kurz, weshalb du dir nicht richtig sicher bist.

Hier bin ich nicht so sicher	Denn es ist ja möglich, dass

Der unbekannte Mann

Nun steht er schon wieder da. Alexander blickt misstrauisch zu dem Mann hinter dem Baum hinüber. Schon die ganze Woche ist er ihm aufgefallen. Es ist einfach nicht natürlich, wie der sich benimmt. Warum versteckt er sich? Und warum ist er überhaupt da? Jedes Mal, wenn die Schule vorüber war, ist er da gewesen und hat zu den Kindern hinüber geblickt.
Und dann, wenn die Kinder alle nach Hause gegangen waren, verschwand auch der Mann. Alexander hat ihn heimlich beobachtet und auch einmal gehört, wie kurz danach in der Nebenstraße ein Auto fortgefahren war. Alexander kennt den Mann nicht und er redet auch nicht über ihn. Es ist sein Geheimnis. Aber langsam macht er sich Gedanken darüber, ob er das Geheimnis weiter für sich behalten soll oder nicht.

Schreibe diese Geschichte zu Ende. Dabei sollst du dir zuerst überlegen, wer der Mann sein könnte und weshalb er da hinter dem Baum steht. Schreibe dann auf, was Alexander deiner Meinung nach tun wird.

Der wild gewordene Einkaufswagen

Als Sarah mit ihrer Mutter aus dem Einkaufszentrum kommt, sieht sie die andere Frau mit ihrem Einkaufswagen. Der Wagen ist bis oben hin beladen und deshalb fällt es der Frau ziemlich schwer, ihn zu schieben, gegenzuhalten und zu steuern. Sarah bedauert sie fast. Während sie ihrer Mutter hilft, die Einkäufe im Kofferraum zu verstauen, blickt sie immer wieder zu der anderen Frau hinüber, die es mit einiger Mühe dann doch schafft, ihr Auto zu erreichen. Sie scheint in Eile zu sein, denn sie hebt ihre Einkaufstüten einfach auf die Hintersitze und gibt dann dem Einkaufswagen einen kleinen Stoß, um den Weg für ihr Auto frei zu machen. Als sie losbraust, kann sich Sarah das Nummernschild und auch die Marke und das Modell merken. Sie schaut wieder zu dem leeren Einkaufswagen hin, der jetzt immer schneller den leicht abschüssigen Parkplatz hinabrollt. Schon nähert er sich einem Auto, das etwas weiter unten parkt. Bumm! Der Einkaufswagen hat das Auto getroffen! Er dreht sich einmal um die eigene Achse und stößt dann erneut gegen das Blech, begleitet von einem hässlichen Kratzen. Endlich bleibt er stehen. Auch Sarahs Mutter hat beobachtet, wie die gut sichtbaren Schrammen und Dellen entstanden sind. Sie regt sich richtig auf und sagt: „Wenn ich wüsste, wer den Einkaufswagen dahin gestoßen hat, ich würde sofort die Polizei benachrichtigen“. Sarah überlegt, was sie tun soll. Sie kennt die Autonummer, und sie weiß auch, wie alles geschehen ist.

Was soll Sarah tun? Schreibe die Geschichte zu Ende!

....

....

....

....

....

....

....

....

....

Wenn ich nur wüsste ...

Manchmal würdest du gerne ein Geheimnis mit jemandem teilen. Mit deiner Mutter, deinem Vater, der Lehrerin oder dem Lehrer zum Beispiel. Wenn du nur wüsstest, wie sie reagieren würden ... Vielleicht solltest du das ganz einfach einmal testen?

Schreibe in die linke Spalte ein erfundenes oder auch ein wahres Geheimnis. Daneben ist Platz für den Namen der Testperson. Wem möchtest du das Geheimnis anvertrauen? Was meinst du, wie wird diese Person reagieren? Das kannst du in die dritte Spalte schreiben. Und zum Schluss musst du natürlich festhalten, wie die Person dann tatsächlich reagiert hat. Jetzt kannst du vergleichen!

Das Geheimnis	Die Testperson	Ich denke, so wird sie reagieren	So hat sie tatsächlich reagiert
Geheimnis Nr. 1			
Geheimnis Nr. 2			
Geheimnis Nr. 3			

3.3 Alle können alles

Unterrichtsplanung und -vorbereitung

Unterrichtsziel:

Gibt es spezifische Aktivitäten für Mädchen und ebenso welche für Jungen? Gehört es sich für einen Mann, dieselbe Beschäftigung auszuüben wie eine Frau? Und umgekehrt? Diesen Fragen, die eng mit der vorherrschenden Denkart verknüpft sind, geht die vorliegende Unterrichtseinheit auf den Grund und versucht, den Schülern Denkanstöße zu geben.

Bezugsrahmen:

Die Unterrichtseinheit „Alle können alles“ wird als vorletzte von vier Einheiten in der dritten Klasse bearbeitet.

Zeitrahmen:

1 Unterrichtsstunde

Hilfsmittel:

Vorbereitete Kopiervorlagen:
Arbeitsblatt 1: „Wer kann's?“
Arbeitsblatt 2: „Wer traut sich nicht?“
Arbeitsblatt 3: „Der Nachrichtenspecht“
Arbeitsblatt 4: „Der Nachrichtenspecht“ (Lückentext)

Weiteres Material:
Zeichenutensilien

Verlauf der Unterrichtseinheit

Erste Unterrichtsstunde: Trau dich, du kannst es!

Einstieg:
Der Lehrer sagt: „In dieser Klasse gibt es zwei Kinder die ungefähr genauso gut rechnen (lesen, schreiben, zeichnen, turnen usw.) können. Das eine Kind ist ein Schüler, das andere eine Schülerin.“

Verlauf der Unterrichtsstunde:
Die Klasse soll nun weitere Fälle aufzählen, in denen Mädchen und Jungen gleich gut sind.
Das geschieht auch bei der Behandlung der folgenden Fragen:

- *Gibt es denn auch Mädchen, die etwas gleich gut können, wie andere Mädchen?*
- *Gibt es ebenso Jungen, die etwas genauso gut wie andere Jungen können?*
- *Aber: Gibt es Mädchen, die etwas schlechter oder besser als andere Mädchen können?*
- *Und wie sieht das bei den Jungen aus?*

Kann man folglich behaupten, dass es eigentlich – vom Können her gesehen – gar keinen richtigen Unterschied zwischen Mädchen und Jungen gibt?

Wissen die Schüler eigentlich, dass es viele gescheite Leute gibt, die behaupten, dass Mädchen in der dritten Klasse generell mehr Kraft besitzen als Jungen, von Ausnahmen abgesehen? Vielleicht können die Schüler sogar von Beispielen erzählen, die dies bestätigen?

Aber es ist ja nicht nur die körperliche Kraft, die bei einem Menschen zählt, auch die Intelligenz und das Wissen sind von großer Bedeutung.
Mit Hilfe einer kleinen Übung soll dies illustriert werden. Dazu erhalten die Schüler das erste Arbeitsblatt, das sie in Einzelarbeit vervollständigen.
Die Texte darauf sind identisch. Einmal fügen die Schüler „das Mädchen“ (in der angebrachten Form) ein, ein anderes Mal „der Junge“.

Sind die beiden Texte gleichermaßen glaubwürdig, unabhängig davon, ob von einem Mädchen oder einem Jungen die Rede ist?

Der Lehrer leitet über:
Manchmal haben Mädchen und Jungen sogar ähnliche Ideen.
Das kann man anhand eines kleinen Denkspiels belegen:
Dazu wird die Klasse in zwei Gruppen aufgeteilt – Mädchen und Jungen.
Jede Gruppe sucht sich nun drei Buchstaben aus dem ABC heraus, gibt sie aber erst auf Hinweis des Lehrers bekannt.
Dann muss jede Gruppe zu jedem der insgesamt sechs ausgewählten Buchstaben fünf Namenwörter suchen, die mit dem jeweiligen Schriftzeichen beginnen. Dabei dürfen aber nur solche Wörter benutzt werden, die in den letzten vier Schultagen in Lesetexten vorkamen.
Nun werden die Wörter verglichen, die der Mädchen mit denen der Jungen.
Wie oft haben die beiden Gruppen dieselben Wörter gefunden? Was kann man hinsichtlich des Wissens daraus schließen?

Wieder leitet der Lehrer über:
Oft ist es aber so, dass Kinder sich nicht trauen, etwas zu tun – bloß weil sie Mädchen bzw. Jungen sind. Sicherlich kennen die Kinder den Ausspruch: „Das ist doch nichts für einen Jungen!" Oder: „Das macht ein Mädchen doch nicht!"
Wie denken die Schüler über solche Sprüche?

Mit Hilfe einer kleinen Übung wird das Thema noch deutlicher herausgearbeitet. Dazu erhalten die Schüler das zweite Arbeitsblatt („Wer traut sich nicht?").
Sind auch diese beiden Varianten gleichermaßen glaubwürdig?

Abschließend erhält jeder Schüler eine Kopie des Artikels aus dem „Nachrichtenspecht". Nachdem der Text ein- oder mehrmals gemeinschaftlich vorgelesen und besprochen worden ist, liest die Klasse ihn noch einige Male vor. Diesmal jedoch tauscht das Mädchen die Rolle mit dem Jungen und umgekehrt. Das geschieht einfach mündlich, das Blatt mit dem Lückentext (Arbeitsblatt 4) kann hierbei jedoch eine Hilfe sein. Zum Abschluss dieser Unterrichtseinheit halten die Schüler ihre Meinung fest und begründen sie.

Wer kann's?

Auf diesem Arbeitsblatt findest du zwei gleiche Texte. Füge einmal „das Mädchen“ oder „es“ oder eine andere richtige Form ein. Beim zweiten Text schreibst du „der Junge“ (oder „er“ oder eine andere richtige Form). Danach sollst du die Texte vergleichen! Sind sie beide glaubwürdig?

.... zögerte. Würde .... das können? .... überlegte lange hin und her. .... versuchte sich daran zu erinnern, was .... schon gesehen hatte. .... dachte auch an Fernsehsendungen, in denen davon die Rede gewesen war. .... sah wieder den Mann auf dem Bildschirm vor sich, wie der das Messer ergriff und erbarmungslos mit dem Zerschneiden und Zerlegen begann. .... riss sich zusammen: Ja, ... wollte das auch tun und .... würde es auch tun. Das würde eine Überraschung für die Mutter werden! .... wählte das größte und das schärfste Messer aus. Flink eilten nun die Hände hin und her. Zwiebeln, Speck, Kartoffeln, Pilze – alles fiel dem Messer zum Opfer und verschwand in der großen Pfanne. Nun noch Salz und Pfeffer. .... atmete auf: Das Mittagessen war fertig!

.... zögerte. Würde .... das können? .... überlegte lange hin und her. .... versuchte sich daran zu erinnern, was .... schon gesehen hatte. .... dachte auch an Fernsehsendungen, in denen davon die Rede gewesen war. .... sah wieder den Mann auf dem Bildschirm vor sich, wie der das Messer ergriff und erbarmungslos mit dem Zerschneiden und Zerlegen begann. .... riss sich zusammen: Ja, ... wollte das auch tun und .... würde es auch tun. Das würde eine Überraschung für die Mutter werden! .... wählte das größte und das schärfste Messer aus. Flink eilten nun die Hände hin und her. Zwiebeln, Speck, Kartoffeln, Pilze – alles fiel dem Messer zum Opfer und verschwand in der großen Pfanne. Nun noch Salz und Pfeffer. .... atmete auf: Das Mittagessen war fertig!

Wer traut sich nicht?

Auch diese beiden Texte sind gleich. Fülle die Lücken wieder aus: das eine Mal mit „das Mädchen“ (in der richtigen Form oder „es“), das andere Mal mit „der Junge“ (oder „er“). Sind beide Texte gleichermaßen glaubwürdig?

.... hatte richtig Angst. Langsam, ganz langsam schlich .... sich heran. Vorsichtig streckte .... die Hand aus, wollte danach greifen. Doch dann zögerte .... wieder. .... versuchte sich Mut einzureden. Was würden die anderen Kinder sagen, wenn sie wüssten, wie viel Angst .... hatte? Würden sie .... auslachen? Würden sie über .... spotten? Was würden die Eltern sagen? .... atmete tief ein. Dann noch einmal und noch einmal. .... schloss die Augen und redete sich erneut Mut ein. Es konnte ja gar nicht so schlimm sein. Wieder ging .... etwas näher heran. Und dann: Mit zitternder Hand, Schweißperlen auf der Stirn, fasste .... zu. Sachte, ganz sachte, um ja nichts falsch zu machen, ergriff .... die winzigkleine Spinne und setzte sie behutsam vor die Tür.

.... hatte richtig Angst. Langsam, ganz langsam schlich .... sich heran. Vorsichtig streckte .... die Hand aus, wollte danach greifen. Doch dann zögerte .... wieder. .... versuchte sich Mut einzureden. Was würden die anderen Kinder sagen, wenn sie wüssten, wie viel Angst .... hatte? Würden sie .... auslachen? Würden sie über .... spotten? Was würden die Eltern sagen? .... atmete tief ein. Dann noch einmal und noch einmal. .... schloss die Augen und redete sich erneut Mut ein. Es konnte ja gar nicht so schlimm sein. Wieder ging .... etwas näher heran. Und dann: Mit zitternder Hand, Schweißperlen auf der Stirn, fasste .... zu. Sachte, ganz sachte, um ja nichts falsch zu machen, ergriff .... die winzigkleine Spinne und setzte sie behutsam vor die Tür.

Der Nachrichtenspecht

Nachrichten vom Tag herausgepickt, kurz, aber gut

Jahrgang 123 | Nummer 456 | Verkaufspreis: viel zu niedrig

Mädchen rettet Jungen!

26. November. – Unglaublich aber wahr: Zwei Dutzend Menschen standen am Tümpel im Stadtwald und schauten hilflos zu, wie ein kleiner Junge langsam aber sicher im Sumpf versank. Niemand dachte daran Hilfe zu holen, niemand hatte eine rettende Idee. Dann kam glücklicherweise ein kleines Mädchen hinzu, das dem Jungen beherzt das Leben rettete.

Noch lange wird man an diesen regnerischen Novembertag zurückdenken, an dem ein kleiner Junge fast einen grausamen Tod gestorben wäre.
Dabei hatte dieser Sonntag ganz normal begonnen. Noch bevor seine Eltern und die Geschwister aufgestanden waren, hatte sich der Junge in sein Lieblingsbuch vertieft. Darin wurde von einem verlorenen Schatz erzählt, der irgendwo unter einem umgestürzten Baum liegen musste. Als der Junge nach dem Frühstück zum Spielen hinausging, entdeckte er im nahen Stadtwald einen umgestürzten Baum.
Sofort lief er hin, um nach dem Schatz zu suchen. Dabei beachtete er jedoch nicht, dass der Baum in den morastigen Tümpel gefallen war, und so begab sich der Junge in höchste Lebensgefahr!
Was kommen musste geschah: Kaum hatte der Junge den Stamm erreicht, da begann er schon einzusinken und konnte sich aus eigener Kraft nicht mehr aus dem Sumpf befreien. Seine Hilfeschreie lockten zahlreiche Spaziergänger herbei, aber niemand traute sich in den Sumpf hinein, um den verzweifelten Abenteurer zu retten.

Das kleine Mädchen mit der rettenden Hand

Der kleine Junge wäre grausam erstickt, wäre da nicht plötzlich die kleine Alex aufgetaucht.
Das Mädchen wusste sofort, was zu tun war. Ohne zu zögern lief es zu einem nahen Schuppen und kehrte bald darauf mit einer Leiter und einigen Seilen zurück. Die Seile band es zusammen und legte sich eine Schlinge über Schultern und Oberkörper.
Das freie Ende drückte das Mädchen einem stämmigen Burschen in die Hand. Mit Hilfe der Leiter arbeitete das Mädchen sich zu dem unglücklichen Jungen vor und streckte ihm die Hand hin.
Die zahlreichen Zuschauer schienen nun endlich aus ihrer hilflosen Erstarrung zu erwachen und mit vereinten Kräften zogen sie die beiden Kinder aus dem Sumpf heraus.

Der Nachrichtenspecht

Lies den Artikel noch einmal durch. Vertausche aber diesmal die Rollen: Das Mädchen begibt sich in Gefahr und der Junge ist der Retter!

Noch lange wird man an diesen regnerischen Novembertag zurückdenken, an dem ein .... fast einen grausamen Tod gestorben wäre.

Dabei hatte dieser Sonntag ganz normal begonnen. Noch bevor seine Eltern und die Geschwister aufgestanden waren, hatte sich .... in sein Lieblingsbuch vertieft. Darin wurde von einem verlorenen Schatz erzählt, der irgendwo unter einem umgestürzten Baum liegen musste. Als .... nach dem Frühstück zum Spielen hinausging, entdeckte .... im nahen Stadtwald einen umgestürzten Baum.

Sofort lief .... hin, um nach dem Schatz zu suchen. Dabei beachtete .... jedoch nicht, dass der Baum in den morastigen Tümpel gefallen war, und so begab sich .... in höchste Lebensgefahr!

Was kommen musste geschah: Kaum hatte .... den Stamm erreicht, da begann .... schon einzusinken und konnte sich aus eigener Kraft nicht mehr aus dem Sumpf befreien. Seine Hilfeschreie lockten zahlreiche Spaziergänger herbei, aber niemand traute sich in den Sumpf hinein.

.... kleine .... wäre grausam erstickt, wäre da nicht plötzlich .... kleine Alex aufgetaucht.

.... wusste sofort, was zu tun war. Ohne zu zögern lief .... zu einem nahen Schuppen und kehrte bald darauf mit einer Leiter und einigen Seilen zurück. Die Seile band .... zusammen und legte sich eine Schlinge über Schultern und Oberkörper.

Das freie Ende drückte .... einem stämmigen Burschen in die Hand. Mit Hilfe der Leiter arbeitete .... sich zu dem unglücklichen .... vor und streckte ihm die Hand hin.

Die zahlreichen Zuschauer schienen nun endlich aus ihrer hilflosen Erstarrung zu erwachen und mit vereinten Kräften zogen sie die beiden Kinder aus dem Sumpf heraus.

Bist du der Ansicht, dass die Geschichte noch genauso glaubwürdig ist? **Ja** ☐ **Weiß nicht** ☐ **Nein** ☐

Warum bist du dieser Ansicht? ....

....

....

....

....

3.4 Vielleicht ...

Unterrichtsplanung und -vorbereitung

Unterrichtsziel:

Vielleicht ist „sie“ oder „er“ ja doch nicht als Spielpartner zu verwerfen? Könnte es vielleicht sogar sein, dass das Spiel oder die Freizeitbeschäftigung durch „sie“ oder „ihn“ unterhaltsamer wird? Unter Berücksichtigung der Sensibilität der Schüler wird das erste leise In-Betracht-Ziehen der heterosexuellen Beachtung besprochen.

Bezugsrahmen:

Es ist dies die vierte und damit letzte Unterrichtseinheit, die in der dritten Jahrgangsstufe vorgesehen ist.

Zeitrahmen:

1 Unterrichtsstunde

Hilfsmittel:

Vorbereitete Kopiervorlagen:
Arbeitsblatt 1: „Spiele und andere Beschäftigungen“
Arbeitsblatt 2: „Vielleicht ja, vielleicht nein ...“

Weiteres Material:
Malfarben
Eventuell ein Foto von jedem Schüler, dann auch Schere und Klebstoff

Verlauf der Unterrichtseinheit

Erste Unterrichtsstunde: Lieber allein oder lieber mit anderen?

Einstieg:
Der Lehrer will von den Schülern wissen, welcher Beschäftigung sie am liebsten in ihrer Freizeit nachgehen.

Verlauf der Unterrichtsstunde:
Die Antworten der Schüler werden katalogisiert in Freizeitbeschäftigungen, denen die Kinder am liebsten

- alleine nachgehen,
- mit einem Kind des gleichen Geschlechts nachgehen,
- mit einem Kind des anderen Geschlechts nachgehen,
- mit einem Kind gleich welchen Geschlechts nachgehen.

Gibt es einen bestimmten Grund, weshalb Kinder lieber mit einem Mädchen oder mit einem Jungen spielen?
Hat sich die diesbezügliche Haltung der Schüler in den letzten zwölf Monaten vielleicht geändert? Wenn ja, freut sie das?
Gibt es einen guten Grund, weshalb ein Mädchen nicht mit einem Jungen, und umgekehrt ein Junge nicht mit einem Mädchen spielen sollte?

Die Schüler sollen sich ihre Einstellung bewusst machen. Dazu erhalten sie das erste Arbeitsblatt, das sie den Anweisungen entsprechend vervollständigen.

Die Antworten werden vorgelesen und besprochen.
Kann man sagen, dass es Spiele oder andere Beschäftigungen gibt, die eigentlich mehr den Mädchen, und andere, die mehr den Jungen zusagen?
Wenn ja, wodurch unterscheiden sich diese Spiele? Durch den Grad der Wildheit zum Beispiel?
Hat in solchen Fällen die Wahl des Partners wirklich etwas damit zu tun, dass der andere ein Jun-

ge oder ein Mädchen ist, oder hängt sie mehr vom Spiel oder der Beschäftigung selbst ab?

Muss ein Junge beleidigt sein, wenn er nicht aufgefordert wird, bei einem typischen Mädchenspiel mitzumachen? Muss umgekehrt ein Mädchen sich gekränkt fühlen, wenn es nicht zu einem typischen Jungenspiel eingeladen wird?

Kann man ebenfalls behaupten, dass es Spiele oder andere Beschäftigungen gibt, die sowohl den Mädchen als auch den Jungen zusagen? Um welche Spiele handelt es sich hierbei?

Können die Schüler auch Spiele nennen, die dadurch schöner werden, dass man sie mit einem Kind des anderen Geschlechts spielt? Wodurch werden sie schöner – vielleicht, weil neue Überlegungen oder Gefühle hinzukommen?

Die Schüler erhalten jetzt zwei Minuten Zeit für sich ganz allein. Sie legen den Kopf auf den Tisch oder schließen einfach nur die Augen. In Gedanken gehen sie verschiedene Spiele und andere Freizeitbeschäftigungen durch, die sie mögen. Sie sollen darüber nachsinnen, wie sie sie am liebsten spielen oder ausführen möchten.

Dann erhalten sie zum Abklingen dieser Unterrichtseinheit das zweite Arbeitsblatt, das sie in aller Stille fertig stellen dürfen.

Spiele und andere Beschäftigungen

Ich heiße .... und bin ein Mädchen ☐ Junge ☐

Das Spiel, das ich am liebsten mag, heißt: ....

Dieses Spiel würde ich aber auch gerne
- ☐ **mit einem Mädchen,**
- ☐ **mit einem Jungen**
- ☐ **oder mit beiden spielen.**

Hier sind noch ein paar Spiele, die ich gerne mag. Ich kreuze jeweils an, mit wem ich sie spielen will:

Das spiele ich gerne:	Ich spiele es am liebsten allein.	Würde ich aber auch gerne mit einem Mädchen spielen.	Würde ich aber auch gerne mit einem Jungen spielen.	Würde ich aber auch gerne mit einem Mädchen oder mit einem Jungen spielen.
....	☐	☐	☐	☐
....	☐	☐	☐	☐
....	☐	☐	☐	☐
....	☐	☐	☐	☐
....	☐	☐	☐	☐

Man kann sich die Zeit nicht nur mit Spielen vertreiben, sondern beispielsweise irgendwohin gehen, etwas besichtigen und viele andere Sachen machen. Schreibe hier ein paar deiner liebsten Beschäftigungen auf und kreuze auch an, wie du ihnen nachgehen willst!

Das mache ich gerne:	Mache ich am liebsten allein.	Würde ich auch gerne mit einem Mädchen machen.	Würde ich auch gerne mit einem Jungen machen.	Würde ich auch gerne mit einem Mädchen oder mit einem Jungen machen.
....	☐	☐	☐	☐
....	☐	☐	☐	☐
....	☐	☐	☐	☐
....	☐	☐	☐	☐
....	☐	☐	☐	☐

Vielleicht ja, vielleicht nein ...

Manchmal macht man etwas lieber allein, manchmal hat man lieber jemanden dabei. Das kann dann entweder ein Mädchen oder ein Junge sein, je nachdem, ob du selbst ein Mädchen oder ein Junge bist, je nachdem auch, was ihr unternehmen wollt. Hier kannst du zuerst ein Bild von dir aufkleben oder malen. Danach kannst du in die Ovale etwas zeichnen, was du gerne machen möchtest. Aber aufgepasst! Soll jemand dabei sein oder lieber nicht? Natürlich kannst du sie oder ihn auch hinzumalen!

Allein

Mit einem Mädchen

Klebe hier ein Bild von dir ein oder male dich selbst

Mit einem Jungen

Egal, mit einem Mädchen oder mit einem Jungen

4.1 Verstehen

Unterrichtsplanung und -vorbereitung

Unterrichtsziel:

Die Schüler sollen sich bewusst werden, dass allein schon der Versuch zum gegenseitigen Verstehen der erste Schritt zur Toleranz auch gegenüber dem anderen Geschlecht ist – wobei unter Toleranz nicht unüberlegtes Hinnehmen, sondern Anerkennung aus Respekt verstanden werden soll.

Bezugsrahmen:

Die Einheit „Verstehen“ wird im vierten Schuljahr als erste von vier Unterrichtseinheiten behandelt.

Zeitrahmen:

2 Unterrichtsstunden

Hilfsmittel:

Vorbereitete Kopiervorlagen:
Arbeitsblatt 1: „Die Verbesserung“
Arbeitsblatt 2: „Ein erster Versuch zu verstehen“
Arbeitsblatt 3: „Steffen will nicht mehr mit Anna spielen“
Arbeitsblatt 4: „Ein weiterer Versuch“

Weiteres Material:
Zeichenmaterial

Verlauf der Unterrichtseinheit

Erste Unterrichtsstunde: Fühlen und Verstehen

Einstieg:
Der Lehrer teilt den Schülern mit, dass er einen Test mit ihnen machen will: er habe beschlossen, heute die Pause ausfallen zu lassen. Sie sollen ihm sagen, was sie dabei fühlen.

Verlauf der Unterrichtsstunde:
Die Schüler beschreiben ihre ersten, spontanen Gefühle. Sind sie negativ oder positiv?
Können die Schüler verstehen, warum der Lehrer die Pause ausfallen lassen will?
Welche Erklärungen finden sie? Welche Gefühle, positive oder negative, rufen die verschiedenen Erklärungen bei ihnen wach?

Das Unterrichtsgespräch wird vertieft. Der Beschluss des Lehrers ruft bei den Schülern zweierlei Reaktionen hervor: 1. Gefühle und 2. Überlegungen.

Womit werden Überlegungen angestellt? Mit dem Verstand? Erkennt man in dem Wort „Verstand“ nicht auch das Tunwort „verstehen“ wieder? Hat die Tatsache, dass man etwas versteht, einen Einfluss auf die Gefühle?

Hierzu werden Beispiele gesucht:

- *Was empfinden die Schüler dem Lehrer gegenüber, wenn dieser schlecht gelaunt ist?*
- *Wenn er ihnen aber sagt, dass er krank ist und am liebsten zu Hause geblieben wäre: Welches Gefühl haben sie dann?*
- *Ein Schüler kommt nach Hause und ist seiner Mutter gegenüber sehr unwirsch: Was empfindet die Mutter dann wohl? Wenn sie aber erfährt, dass ihr Sohn von zwei großen Jungen geschlagen worden ist: Welches Gefühl hat die Mutter nun für ihr Kind?*
- *...*

Der Lehrer leitet über: Manchmal ist es sehr schwierig eine Erklärung zu finden. Zum Beispiel, weil es ja oft viele Lösungen gibt, die man gar nicht alle überschauen kann. Der Lehrer hat

hierzu das Beispiel von der „Verbesserung“ mitgebracht, das sich auf dem ersten Arbeitsblatt befindet. Das Blatt wird also ausgeteilt und der Text gemeinsam gelesen.
Nachdem sichergestellt ist, dass alle Schüler den Text vollkommen verstanden haben, fordert der Lehrer die Kinder auf, die Geschichte noch einmal individuell in aller Stille und Ruhe durchzusehen. Dann erhalten sie Arbeitsblatt 2, das jeder für sich vervollständigt.
Nach einer angemessenen Zeitspanne werden die Antworten der Schüler eine nach der anderen vorgelesen und gemeinsam besprochen.
Zu den beiden letzten Punkten (je nach Geschlecht zusammenhalten) sollen die Schüler Beispiele liefern, die ihre Ansichten untermauern. Auch diese werden kontrovers besprochen.

Dann eröffnet der Lehrer den Schülern, dass er ihnen nun den Schluss der Erzählung, in dem die wirkliche Erklärung enthalten ist, vorlesen will:

„Die Lehrerin scheint nicht zu hören, was die beiden Schüler äußern. Mit einem wehmütigen Ausdruck im Gesicht geht sie langsam zum Pult zurück und setzt sich. Ihre Gedanken sind ganz bei dem Ereignis, das sie vor einigen Tagen erlebt hat. Sie denkt an ihr schönes neues Auto, das sie an diesem Tag abgeholt hat. Sie sieht es vor sich, wie es geglänzt hat. Sie riecht noch die Düfte, die den Innenraum beherrschten. Sie fühlt das Steuerrad, wie es durch ihre Hände gleitet, und sie hört das sanfte Summen des Motors.
Und dann erinnert sie sich wieder an den Knopf unten am Armaturenbrett, dessen Bedeutung sie nicht kannte. Und deshalb hatte sie daran herumgedreht und geguckt, was wohl passiert. Und dann hatte sie noch einmal hingeschaut und noch einmal ...
Immer noch hört sie das hässliche Scheppern, das dem lauten Knall gefolgt war, sie spürt den Schlag wieder und sie erlebt noch einmal die unendliche Enttäuschung, als sie ihr kaputtes Auto von außen betrachten musste.
Die Lehrerin hebt den Blick und sieht ihre Schüler an. Ihre Augen richten sich auf Anna und sie denkt an die Ferien, in die sie nicht fahren wird. Wie Anna wird sie zu Hause bleiben und sparen. Sparen, damit sie die Reparatur bezahlen kann.“

Nach einem kurzen Augenblick, der den Schülern Gelegenheit gibt, sich mit dem neuen Element auseinander zu setzen, wird der Schlusstext auf das Verständnis hin überprüft:

- *Was für ein Auto mag sich die Lehrerin wohl gekauft haben?*
- *Wie viel kostet so ein Auto ungefähr?*
- *Wie kam es zu dem Unfall und wer trägt die Schuld?*
- *Wie viel kann die Reparatur in etwa kosten?*
- *Wie teuer ist wohl ein Ferienreise?*
- *Wie wird die Lehrerin jetzt ihre Ferien verbringen?*
- *Warum fühlt sie mit Anna und nicht mit den beiden Jungen mit?*
- *Hat ihr Mitgefühl etwas damit zu tun, dass Anna ein Mädchen und sie eine Frau ist?*
- *Hätte sie dasselbe Mitgefühl mit Steffen oder Tobias, wenn deren Familien nicht das nötige Geld hätten, um in die Ferien zu fahren?*

Wie denken die Schüler nun über die Lehrerin und die Noten, die sie vergeben hat? Verstehen sie die Lehrerin jetzt besser? Finden sie die Noten jetzt auch gerechter oder nicht?

Was würden sie nun sagen:

- *zu Tobias?*
- *zu Steffen?*
- *zu Anna?*
- *zu der Lehrerin?*

Eine allgemeine Aussprache beendet diese erste Unterrichtsstunde. Möglicherweise kann die Lehrkraft auch einige Elemente aufgreifen, die sich in der Unterrichtseinheit 4.3 „So kann nur ich sein“ im Band „So bin ich“ aus dieser Reihe finden. Darin geht es um die Frage, inwiefern jemand frei eine Entscheidung treffen kann oder nicht.

Zweite Unterrichtsstunde: Versuchen zu verstehen

Einstieg:
Nachdem der Lehrer daran erinnert hat, dass es oft schwierig ist, das Verhalten eines Mitmenschen richtig zu verstehen, fragt er die Schüler, ob sie nach den Erfahrungen der letzten Unterrichtsstunde weiterhin ein schnelles Urteil über jemanden fällen werden oder ob sie zuerst versuchen wollen, das Geschehen und die Beweggründe der Menschen besser zu verstehen.

Verlauf der Unterrichtsstunde:
Können die Schüler sich an Beispiele erinnern, wo sie versucht haben Menschen besser zu verstehen?

Der Lehrer jedenfalls hat einen weiteren Fall mitgebracht, mit dessen Hilfe die Klasse das neue Wissen ausprobieren kann. Das dritte Arbeitsblatt wird also ausgeteilt und der Text „Steffen will nicht mehr mit Anna spielen“ gemeinsam gelesen.
Was war damals, als die drei Kinder noch in der zweiten Klasse waren, geschehen?
Das Geschehen wird kurz in Erinnerung gebracht, dann will der Lehrer von den Schülern wissen:

- *Ist Anna das einzige Mädchen, das auf einmal nicht mehr mit Jungen spielen will?*
- *Was hatte ihr die Großmutter damals erzählt?*
- *Haben auch Jungen plötzlich keine Lust mehr, mit Mädchen zu spielen?*
- *Was mag die Erklärung hierfür sein?*
- *Muss man annehmen, dass dieses Sich-Zurückziehen von Vertretern des anderen Geschlechts ganz einfach zur natürlichen Entwicklung jedes Menschen gehört? Kann man also sagen, dass dies ganz normal ist?*

Aber: Wenn jemand sich zurückzieht, gibt es dann nur diese einzige Erklärung dafür? Fallen den Schülern noch andere Erklärungen ein?

Der Text des dritten Blattes wird noch einmal in der Klasse gelesen. Danach wird Arbeitsblatt 4 („Ein weiterer Versuch“) verteilt und die Schüler füllen es in Stillarbeit aus.

Nach getaner Arbeit werden die Antworten eine nach der anderen vorgelesen und hinterfragt. Dann liest der Lehrer die tatsächliche Erklärung für Steffens Benehmen vor, die in der Schlusspassage deutlich wird:

„Tobias hat Steffen schon bald eingeholt und hält ihn am Arm fest. ‚He, Steffen, was ist los mit dir?‘ Tobias schaut seinen Freund eindringlich an. Steffen schaut verlegen zur Seite. ‚Also?‘ Tobias’ Stimme ist jetzt genauso eindringlich wie sein Blick. Steffen hebt die Augen und beginnt stockend: ‚Weißt du, damals, in den Ferien, in der Karibik ...‘ – ‚Ja und?‘ – ‚Mein Vater hatte sich damals ein Motorrad gemietet, ein richtig schweres ...‘ – ‚Und?‘ – ‚Und als wir wieder zu Hause waren, da hat er immerfort von dem Motorrad geredet, und damit er endlich damit aufhört, hat meine Mutter zu ihm gesagt, er solle sich doch eins kaufen.‘ – ‚Und, hat er?‘ – ‚Ja, leider ...‘ Niemand hat gemerkt, dass Anna sich leise zu den beiden gesellt hat und aufmerksam zuhört. ‚Leider, warum leider?‘ Tobias lässt nicht locker. ‚Mein Vater ...‘ Steffen laufen nun die Tränen übers Gesicht: ‚Mein Vater hat ein Mädchen angefahren und ich hab’s gesehen!‘ Tobias sagt nichts mehr. Aber Steffen kann jetzt sowieso nicht mehr aufhören. ‚Es war die Schuld meines Vaters, er hat nicht gebremst und das Mädchen war auf dem Zebrastreifen – und nun ist sie gelähmt, richtig gelähmt ...‘ Steffen versagt die Stimme fast. Und dann schreit es aus ihm heraus: ‚Und das Mädchen sah genauso aus wie Anna!‘“

Ein paar Schüler sollen die Geschichte noch einmal kurz zusammenfassen, bevor u. a. folgende Fragen beantwortet werden:

- *Warum hat Steffens Vater sich ein Motorrad gekauft?*
- *Ist das Motorradfahren gefährlicher als Autofahren?*
- *Aus der Geschichte geht hervor, dass der Vater das Motorrad noch nicht lange besaß. Ob er wohl schon ein sicherer Fahrer war?*
- *Wie wird es wohl zu dem Unfall gekommen sein? (An dieser Stelle wäre im Übrigen ein kurzes, darstellendes Rollenspiel nicht fehl am Platz.)*
- *Steffen hat den Unfall beobachtet. Was wird in dem Augenblick in ihm vorgegangen sein?*
- *Um wen wird er zuerst am meisten Angst gehabt haben?*
- *Was wird Steffen gefühlt haben, als er das Gesicht des Mädchens sah?*
- *An wen musste er dabei denken?*
- *Was mag in Steffen vorgegangen sein, als er hörte, dass das Mädchen gelähmt bleiben würde?*
- *Irgendwie scheint Steffen sich mitschuldig zu fühlen an dem Unfall. Aber: Trägt er in Wirklichkeit auch nur die geringste Mitschuld?*
- *Gibt es irgendeinen triftigen Grund für Steffen, Anna aus dem Weg zu gehen?*
- *Hat sein Sich-Zurückziehen etwas damit zu tun, dass Anna ein Mädchen und er ein Junge ist?*

Was also – wenn sie Gelegenheit dazu hätten – würden die Schüler sagen:

- *zu Steffen?*
- *zu Anna?*
- *zu Tobias?*
- *zu Steffens Vater?*

Die Verbesserung

Die Lehrerin hat einen Aufsatz verbessert. Aber es scheint, als ob die Noten nicht gerecht verteilt worden seien. In der Tat: Verschiedenes hat die Lehrerin beeinflusst. Aber das wissen die Schüler natürlich nicht.

Das Thema des Aufsatzes lautete: Meine schönsten Ferien. Das war zwar kein besonders spannendes Thema, aber jeder wusste etwas zu schreiben und das war ja auch schon etwas wert.
Tobias zum Beispiel schrieb über eine Reise nach Alaska, die er mit seinem Vater und seinem großen Bruder in den letzten Herbstferien unternommen hatte. Sie hatten ein riesiges Wohnmobil gemietet und waren damit losgefahren. Tobias war sehr beeindruckt von der unheimlich starken Natur, die sie durchquerten. Fast grenzenlose Ebenen wechselten sich ab mit hohen Bergen, die schon seit Urzeiten von Schnee und Eis bedeckt waren. Tobias entdeckte Pflanzen und Tiere, von denen er bis dahin überhaupt nichts gewusst hatte. Abends saßen sie beim Lagerfeuer, bereiteten das Essen zu und redeten über alles, was sie am Tag erlebt hatten.
Steffen dagegen konnte von Ferien in der Südsee erzählen. Er beschrieb den langen Flug, die wunderschönen Zimmer im Vier-Sterne-Hotel, die seine Eltern gemietet hatten, die einzigartige Aussicht, die sie von den beiden Balkonen hatten, die zweitägige Kreuzfahrt auf dem weißen Segelschiff, die Tage voller Sonne und Ruhe und Genießen, den schneeweißen Sandstrand und das herrlich warme Meer. Steffen war viel im Wasser und er entdeckte Korallen, Muscheln und viele farbenfrohe Fische, die er vorher nur im Fernsehen gesehen hatte.
Anna konnte sich an keine schöne Ferienfahrt erinnern. Ihre Eltern waren arm und so musste die Familie meistens zu Hause bleiben. Anna spielte dann draußen auf der Straße. Da blieb sie aber eigentlich immer allein, denn die anderen Kinder waren ja verreist. Anna musste sich deshalb Spiele ausdenken, für die sie sonst niemanden brauchte. Manchmal machte sie auch kleine Besorgungen für ihre Mutter und an verregneten Tagen blieb sie in der kleinen Wohnung und las immer wieder dieselben Bücher. Hätte sie sie nicht schon längst gekannt, so hätte sie in den letzten Ferien die Langeweile entdeckt.
Als die Lehrerin den Schülern die Aufsätze zurückgab, freuten Tobias und Steffen sich schon im Voraus. Die Erinnerung an diese besonders schönen Ferien hatte sie auch besonders schöne Aufsätze schreiben lassen. Das musste einfach gute Noten geben! Ihre Freundin Anna dagegen saß da und blickte betrübt drein. So langweilige Ferien konnte niemand toll finden – und einen Aufsatz darüber erst recht nicht. Das tat sie selbst ja auch nicht.

Als die Lehrerin nun an den Tisch der drei Freunde kommt, blickt sie Tobias und Steffen traurig an und wendet sich dann Anna zu: „Anna, du hast einen wunderschönen Aufsatz geschrieben. Ich wünschte, ich könnte meine Zeit auch so ausfüllen!“ Sie wirft noch einen liebevollen Blick auf die Arbeit, bevor sie sie behutsam auf Annas Platz legt. Danach lässt sie die Aufsätze von Tobias und Steffen niedersegeln. Einfach so, ohne ein Wort zu verlieren! Und schon ist sie wieder in Richtung Pult abgerauscht.

Verdutzt schauen die beiden Jungen zuerst ihre Noten, dann sich gegenseitig an – und müssen erst einmal schlucken. „Weiber!“, schnaubt Steffen. „Die halten zusammen!“, zischt Tobias voller Zorn. Sie haben beide eine Drei. Anna lächelt gedankenverloren vor sich hin. Sie hat eine Eins.

Ein erster Versuch zu verstehen

Lies den Text „Die Verbesserung“ genau durch und vervollständige dann dieses Arbeitsblatt. Wenn du dir nicht sicher bist, kannst du ja noch einmal im Text nachschauen.

Was war das Besondere an Tobias’ Ferien?

Glaubst du, Tobias hat einen guten Aufsatz geschrieben? **Ja** ☐ **Nein** ☐

Warum glaubst du das?

Was war das Besondere an Steffens Ferien?

Glaubst du, Steffen hat einen guten Aufsatz geschrieben? **Ja** ☐ **Nein** ☐

Warum glaubst du das?

Was war das Besondere an Annas Ferien?

Glaubst du, Anna hat einen guten Aufsatz geschrieben? **Ja** ☐ **Nein** ☐

Warum glaubst du das?

Welcher Aufsatz ist deiner Meinung nach der beste? ....

Warum? ....

....

....

Was mag die Lehrerin sich wohl gedacht haben, als sie die Noten verteilte?

....

....

....

Wie reagieren die beiden Jungen, als sie ihre Noten erhalten?

....

....

....

Wie reagiert Anna?

....

....

....

Meinst du, dass Anna die bessere Note erhalten hat, weil sie ein Mädchen und die Lehrerin eine Frau ist? Erkläre deine Meinung!

....

....

....

Bist du der Ansicht, dass Mädchen und Frauen zusammenhalten?

Immer ☐ Manchmal ☐ Nie ☐

Warum bist du dieser Ansicht?

....

....

....

....

....

....

Bist du der Ansicht, dass Jungen und Männer zusammenhalten?

Immer ☐ Manchmal ☐ Nie ☐

Warum bist du dieser Ansicht?

....

....

....

....

....

....

Steffen will nicht mehr mit Anna spielen

Anna, Tobias und Steffen sind nun schon lange in derselben Klasse. Nach einer schweren Zeit im zweiten Schuljahr, in der Anna den beiden Jungen aus dem Weg ging, haben sie wieder zueinander gefunden.

Die drei spielen viel miteinander, nicht nur vor der Schule oder in den Pausen, sondern auch an den Nachmittagen oder auch an den freien Tagen. Besonders Anna freut sich darüber, weil sie sonst nicht viel Abwechslung hat.

Doch eines Tages ändert sich alles: Steffen geht Anna aus dem Weg. Wenn Tobias und Anna beieinander stehen oder miteinander spielen, kommt Steffen nicht mehr zu ihnen, sondern entfernt sich wieder. Dabei gibt er dann manchmal vor, es sei ihm plötzlich etwas eingefallen, das er unbedingt erledigen müsse. Denselben Trick wendet er an, wenn er mit Tobias zusammen ist und Anna hinzukommt. Dann verschwindet Steffen bald unter irgendeinem Vorwand. Besonders auffällig aber ist, dass Steffen es einfach nicht mehr fertig bringt, Anna in die Augen zu schauen.

Tobias kommt das zwar komisch vor, aber er fühlt sich nicht wirklich betroffen. Irgendwie gefällt es ihm sogar, mit Anna allein zu sein. Aber das kann er sich nicht so ganz erklären. Jedenfalls ist es ihm nicht unangenehm.

Anna weiß auch nicht, was los ist. Am Anfang hatte sie ja noch gedacht, Steffen sei bloß launisch oder etwas albern, aber dann erkannte sie, dass Steffen ihretwegen, und nur ihretwegen, wegblieb. Sie fragte sich, ob sie etwas gesagt oder getan hatte, was Steffen beleidigt hatte. Aber es fiel ihr nichts ein.

Vielleicht hat er plötzlich etwas gegen sie? Auf alle Fälle geht Steffen ihr langsam auf die Nerven!

Als Steffen heute wieder einmal verschwinden will, spricht sie ihn beleidigt an: „Hast du etwas gegen mich? Oder fürchtest du dich vor Mädchen?“ Steffen wird zuerst bleich, dann ganz rot im Gesicht. Er öffnet den Mund und will etwas sagen. Doch dann überlegt er es sich anders, dreht sich schnell um und läuft einfach weg. „Blödmann!“, ruft Anna ihm wütend hinterher.

Tobias schaut sie mit gerunzelter Stirn an: „Also, jetzt werde ich ihn doch mal fragen, was los ist.“

Sagt's und läuft Steffen hinterher.

Ein weiterer Versuch

Lies auch den Text „Steffen will nicht mehr mit Anna spielen“ genau durch und vervollständige dann dieses Arbeitsblatt. Wenn du dir nicht sicher bist, kannst du wie vorhin noch einmal im Text nachschauen.

Was war mit Anna im zweiten Schuljahr geschehen?

....

....

Glaubst du, Anna hat ihre Ansichten seither wirklich geändert? Ja ☐ Nein ☐

Warum glaubst du das? ....

....

....

Bist du auch schon einmal deinen Freunden aus dem Weg gegangen? Ja ☐ Nein ☐

Wenn du willst, kannst du hier aufschreiben, wann das war und warum – aber du kannst diese Antwort auch überspringen, wenn du nicht darüber reden willst.

....

....

....

Es gefällt Tobias, mit Anna allein zu sein. Kannst du das verstehen? Ja ☐ Nein ☐

Wie erklärst du dir das? ....

....

....

Steffen aber geht Anna aus dem Weg. Findest du hierfür eine Erklärung? Ja ☐ Nein ☐

Wenn ja, welche? ....

....

....

Du weißt ja noch, was im zweiten Schuljahr geschehen war. Glaubst du, es geht jetzt etwas Ähnliches in Steffen vor wie damals in Anna? Also: Was mag Steffen wohl bewegen? Ja ☐ Nein ☐

....

....

4.2 Rühr mich nicht an!

Unterrichtsplanung und -vorbereitung

Unterrichtsziel:

In dieser Unterrichtseinheit soll die Selbstbestimmung der Kinder zur Sprache gebracht werden. Dies geschieht hier vornehmlich hinsichtlich der geschlechtlichen Entwicklung, wobei aber auch andere Bereiche des menschlichen Wesens berührt werden. Man sollte sich jedoch bewusst sein, dass der Rahmen einer Unterrichtseinheit in der vierten Klasse nur das Aufmerksammachen auf verschiedene Aspekte dieser geschichtlich und kulturell sehr komplexen Fragestellung zulässt.
Auf die Unterscheidung verschiedener Situationen wird besonders Wert gelegt.

Bezugsrahmen:

„Rühr mich nicht an" wird als zweite der vier Unterrichtseinheiten angeboten, die für die vierte Jahrgangsstufe vorgesehen sind. Sie versteht sich als Fortführung der Einheiten „Füttern und streicheln verboten" und „Gute Geheimnisse, schlechte Geheimnisse" aus der dritten Jahrgangsstufe.

Zeitrahmen:

3 Unterrichtsstunden

Hilfsmittel:

Vorbereitete Kopiervorlagen:
Arbeitsblatt 1: „Das ist meine Sache!"
Arbeitsblatt 2: „Ja oder Nein?"
Arbeitsblatt 3: „Berührungen"

Verlauf der Unterrichtseinheit

Erste Unterrichtsstunde: Der Kreis um uns herum

Einstieg:
Die Schüler nehmen ein leeres Blatt Papier. In der Mitte dieses Blattes zeichnen sie schnell und schematisch ein Gesicht, das sie selber darstellt. Um dieses Gesicht herum ziehen sie danach einen Kreis, der sie vor allen möglichen Eindringlingen und vor Unangenehmem schützen soll. Den Abstand zum Gesicht und die Art des Kreises (dünn, dick, doppelt, gestrichelt usw.) können sie frei wählen.

Hinweis:
Es ist wichtig, dass die Schüler nicht voneinander abmalen und dass sie auch sonst keine Absprachen untereinander treffen. Die Erledigung der Zeichenaufgabe soll sich auf einen Zeitraum von wenigen Minuten beschränken.

Verlauf der Unterrichtsstunde:
Die Schüler setzen sich anschließend im Kreis zusammen.
Sie zeigen den anderen Schülern ihre Zeichnungen und sagen, warum sie diese oder jene Größe für den Kreis gewählt haben. Vor allem diejenigen, bei denen die Linie besonders dick ausgefallen ist (größere Sicherheit), sowie diejenigen, die eine doppelte Linie gezogen haben (die eine kann repariert werden, während die andere weiterhin schützt), erklären ihre Wahl.
Anhand ihrer Zeichnungen begründen sie auch, warum sie den entsprechenden Abstand gewählt haben. Da die Kinder in dieser Altersstufe oft zwischen intuitiv-gefühlsgesteuertem und rationellem Denken hin und her schwanken, dürfen sie in dieser ersten Phase der Erörterung den Abstand als klein, mittel oder groß bezeichnen. Es werden also keine präzisen Maßeinheiten benutzt.

Der Lehrer fragt:

- *Wer und was soll durch den Kreis geschützt werden?*

- *Wer oder was soll draußen bleiben?*
- *Warum darf nicht jeder oder jedes in den Kreis hinein?*
- *Was würde das sonst für die Kinder bedeuten?*

Der Kreis wurde ja nur auf einem Blatt dargestellt. Aber gibt es nicht auch in der Wirklichkeit solche Kreise? Ja, sogar unsichtbare Kreise? Wenn ja: Woran erkennt man sie?
Sind die Kinder der Ansicht, dass sie ganz allgemein nicht alles an sich heran lassen sollen? Wovor möchten sie verschont bleiben? Wer oder was soll sie nicht stören?
Können sie das näher erklären?
Die Schüler erläutern ihre Meinung anhand von Beispielen.

Die Zeichnung wird nun beiseite gelegt und sorgfältig aufbewahrt, da sie zum Schluss der dritten Unterrichtsstunde wieder gebraucht wird.

Der Lehrer leitet über: Manchmal ist es ja einfach so, dass ein anderer etwas wissen will, das man lieber für sich behalten möchte.
Können die Schüler von solchen Erfahrungen berichten? Wie haben sie sich in der jeweiligen Situation verhalten?

Die Lehrkraft hat auch ein paar Beispiele mitgebracht, über die sie mit den Schülern reden möchte. Sie stehen auf dem ersten Arbeitsblatt, das jetzt ausgeteilt wird. Gemeinsam werden die Anweisungen gelesen, bevor die Schüler sich an die Beantwortung der Fragen machen.
Die Antworten und ihre Begründungen werden schriftlich von den Kindern in Stillarbeit festgehalten. Nach getaner Arbeit werden sie Punkt für Punkt durchgesprochen und auf die möglichen Hintergründe hin geprüft.

1. *Gibt es Fragen, auf die man am besten antwortet?*
2. *Gibt es auch solche, auf die man nicht unbedingt antworten muss?*
3. *Auf welche Fragen braucht man nicht zu antworten? Warum?*
4. *Gibt es auch Fragen, auf die man am besten nicht antwortet?*

Gemeinsam werden zu den Punkten 1 bis 4 Beispiele gesucht und schriftlich festgehalten.

Zweite Unterrichtsstunde: Mal sehen!

Einstieg:
Der Lehrer fasst die Erkenntnisse der letzten Ethikstunde zusammen: Wir haben gesehen, dass Kinder manchmal vor die Wahl gestellt werden, ob sie alle Fragen, die man ihnen stellt, beantworten sollen. Aber: Dürfen sie überhaupt solche Entscheidungen treffen?

Verlauf der Unterrichtsstunde:
Aus den Antworten der Schüler wird zurückbehalten, dass es (a) Fälle gibt, in denen Kinder am besten das tun, was von ihnen verlangt wird, zum Beispiel wenn es sich um ihr Wohl handelt, um das Lernen, um die Disziplin in der Klasse usw. (Hinweis: Wir sprechen an dieser Stelle bewusst nicht davon, dass Kinder ihren Eltern, dem Lehrer usw. gehorchen müssen – auch wenn dies im Allgemeinen durchaus richtig und angebracht wäre. Doch in bestimmten, gewiss sehr seltenen Fällen, würde das bedeuten, dass durch den Unterricht auch das Tun eines unwürdigen Vaters oder Lehrers unterstützt wird.)

Daneben kommt es aber auch vor, dass (b) Kinder es vorziehen, nicht das zu tun, was von ihnen verlangt wird. Wann ist das der Fall?

Hierzu werden Fallbeispiele aufgezeigt und dabei darf dann auch die Rede sein von Menschen, die einem Kind Schaden zufügen wollen: eklige Nachbarn, neidische Menschen, zwielichtige Gestalten, Sexualverbrecher usw.

Zu guter Letzt bleiben dann noch (c) die Fälle übrig, in denen nicht prinzipiell, sondern von Fall zu Fall entschieden werden muss. Auch hierzu werden Beispiele gesucht.

Die gefundenen Beispiele werden, den drei Kategorien JA – NEIN – MAL SEHEN zugeordnet, an der Tafel festgehalten.

Natürlich wollen solche Entscheidungen gut überlegt sein, und um das üben zu können, wird jetzt Arbeitsblatt Nr. 2 („Ja oder Nein“) ausgeteilt. Die Anweisungen werden gemeinsam gelesen, bevor die Schüler sie dann in Stillarbeit ausführen.

Nachdem dies erledigt wurde, werden die auf dem Blatt vorgegebenen Situationen eine nach der anderen vorgelesen und die Antworten der

Schüler mit den dazugehörigen Überlegungen begesprochen.

Macht es hinsichtlich des oben Besprochenen einen Unterschied, ob eine Frau oder ein Mann einem Kind etwas aufträgt? Macht es einen Unterschied, ob es sich bei dem Kind um ein Mädchen oder einen Jungen handelt? In welchen Fällen ist dies von Bedeutung und in welchen nicht?

Was tun Menschen, die unbedingt etwas bei anderen Menschen erreichen wollen? Was macht der Lehrer, wenn ein Schüler nicht seine Aufgaben erledigt? Was macht die Mutter, wenn ihr Kind nicht gehorcht? Und der Vater? Können auch andere Menschen Druck auf Kinder ausüben, wenn sie etwas erreichen wollen? Was könnten sie zum Beispiel durchsetzen wollen? Wie gehen sie dabei vor, welche Möglichkeiten gibt es dazu? Was macht zum Beispiel der Polizist an der Kreuzung, wenn Kinder nicht die Ampel beachten?
Üben noch andere, fremde Erwachsene manchmal Druck auf Kinder aus? Wer sind diese Erwachsenen und was tun sie? Sollen die Kinder das hinnehmen oder sich widersetzen – siehe oben die Punkte (a), (b) und (c)?
Manchmal verlangen Erwachsene auch etwas von Kindern, Jungen oder Mädchen, was diesen echt zuwider ist. Was kann das sein?
Auf welche Art und Weise können Kinder sich gegen unanständige Erwachsene zur Wehr setzen?

Dritte Unterrichtsstunde: Vielerlei Berührungen

Einstieg:

Der Lehrer erinnert die Schüler daran, dass sie zu Beginn der letzten Unterrichtsstunde darüber nachgedacht haben, ob Kinder in gewissen, seltenen Fällen das Recht haben, nicht zu gehorchen. Die heutige Stunde werden sie damit beginnen, darüber nachzudenken, ob sie in bestimmten Fällen sogar die Pflicht haben, nicht das zu tun, was gewisse Erwachsene von ihnen verlangen.

Verlauf der Unterrichtsstunde:

Ausgehend von den Überlegungen zu den Punkten (a), (b) und (c) aus der vorigen Stunde wird im Unterrichtsgespräch nun Erlebtes, Gehörtes und Gelesenes aufgearbeitet. Das Ziel dabei ist, dass die Kinder zu der prinzipiellen Erkenntnis gelangen, dass

- *die Mehrzahl der Erwachsenen sich für das Wohl der Kinder einsetzt und nicht im Entferntesten daran denken würde, ihnen Übles anzutun;*
- *einige sehr wenige Kriminelle sich in dieser Hinsicht Kindern gegenüber anders benehmen;*
- *Kinder nicht nur das Recht, sondern auch sich selbst gegenüber die Pflicht haben, sich vor den Machenschaften dieser Übeltäter zu schützen;*
- *Kinder den Anspruch erheben können und sollen, von der Welt der Erwachsenen Hilfe und Schutz vor Verbrechern zu erhalten (siehe hierzu auch Unterrichtseinheit 4.3: „Wo darf ich traurig sein?").*

Aber nicht immer sind es Bösewichte, die einem zu nahe treten. Hie und da sind es auch gute Bekannte oder sogar Freunde, durch deren Fragen oder Benehmen Kinder sich unangenehm berührt fühlen können. Wissen die Schüler hierzu etwas zu erzählen?
Durch welches Benehmen, durch welche Fragen, würden die Schüler sich selber unangenehm berührt fühlen?

Natürlich hat der Lehrer auch hierzu ein paar Beispiele mitgebracht. Und diesmal brauchen die Schüler das Arbeitsblatt 3 („Berührungen"), das er ihnen nun austeilt, bloß mit kleinen Kreuzchen zu versehen – damit sie sich nicht unangenehm berührt fühlen ...

Anschließend werden die verschiedenen Beispiele besprochen. Die Schüler erklären, warum sie sich zu einem Ja oder zu einem Nein entschieden haben.
Dann dürfen sie ein paar Minuten lang Fragen zu dem in den letzten Unterrichtsstunden Gesagten stellen oder sich ganz einfach nur aussprechen.

Abschließend wird die Zeichnung mit dem Kreis aus der ersten Unterrichtsstunde wieder hervorgenommen. Die Schüler sollen sie nun vervollständigen, indem sie hinzuzeichnen, wer oder was aus dem Schutzkreis herausbleiben soll und wer oder was hinein darf.

Das ist meine Sache!

Es kommt manchmal vor, dass jemand mehr von dir wissen möchte, als du eigentlich von dir erzählen willst. Es kann sich dabei zum Beispiel um ganz persönliche Gedanken oder Gefühle handeln. Natürlich bist du nicht verpflichtet, jedem alles zu sagen. Aber du solltest das auch wirklich bewusst entscheiden. Mit den Beispielen auf dieser Seite kannst du das üben. Schreibe jeweils hinzu, ob du auf die Frage antworten würdest oder nicht (Ja oder Nein) und erkläre auch warum! Übrigens: Man kann auch ganz lieb und höflich Nein sagen ...

Die Frage	**Wirst du die Frage bewantworten?**	**Die Erklärung**
Deine Mutter will wissen, ob du noch immer Halsweh hast.	....	....
Ein Mitschüler fragt dich: „Was denkst du gerade?“	....	....
Mit der Klasse habt ihr einen Text gelesen. Nun will der Lehrer/die Lehrerin wissen, wie du darüber denkst.	....	....
Du hast ein schönes Bild gesehen und irgendwie bist du jetzt aufgewühlt. Ein Fremder will wissen, was mit dir los ist.	....	....
Du hörst Musik und träumst dabei. Jemand fragt dich, wovon du träumst.	....	....
Du kommst nicht voran mit den Hausaufgaben und deine Mutter will dir helfen. Sie fragt dich, was dich ablenkt und woran du denkst.	....	....
Im Ethikunterricht sollt ihr eine Geschichte zu Ende schreiben und euren Schluss auch erklären.	....	....
Ein Fremder schaut dich seltsam an und fragt dich etwas Unanständiges.	....	....
In einem Laden siehst du etwas, das dir sehr gefällt. Die Verkäuferin fragt dich, was du dir überlegst.	....	....

Ja oder Nein?

Lies die kleinen Geschichten hier unten zuerst einmal durch. Dann sollst du entscheiden, wie sich das Kind deiner Meinung nach verhalten soll. Schreibe jedes Mal hinzu, warum es dies tun soll.

	Was tun?	Warum?
Ein Junge möchte lieber draußen spielen als lernen. Seine Mutter sagt, er solle zuerst seine Aufgaben erledigen.		
Ein Mädchen möchte lieber draußen spielen als lernen. Sein Vater sagt, es solle zuerst seine Aufgaben erledigen.		
Ein Kind soll sich ausziehen und anschauen lassen. Der Mann will ihm dafür Geld geben.		
Ein Kind wie du möchte gerne ein Buch lesen. Ein anderes Kind will aber, dass es mit ihm zusammen Ball spielt.		
Ein Junge sitzt da und hört Musik. Ein größerer Junge kommt vorbei und sagt, er solle damit aufhören, das sei dumm.		
Zwei Mädchen tuscheln zusammen über Kleider und Schmuck. Ein paar Jungs lachen sie aus.		
Ein kleines Mädchen soll sich nackt fotografieren lassen. Es will nicht. Da erhält es eine Ohrfeige.		
Ein Mann verspricht einem Jungen etwas Wunderschönes, wenn er sich von ihm dort anfassen lässt, wo ihn noch niemand berührt hat.		

Berührungen

Man kann einem Menschen auf vielerlei Arten zu nahe kommen: mit dem Blick, mit Worten, mit Gesten ... Manchmal werden auch Geräte dafür benutzt: Fotoapparate, Videokameras, Tonbandgeräte ...
Wenn es dir unangenehm wird, musst du entscheiden, ob du dir das gefallen lässt oder nicht.
Teste dich einmal selbst und kreuze die für dich richtigen Antworten an!

	Ich lasse es zu	Ich sage „Nein“
Du bist bei deinen Großeltern zu Besuch. Dauernd will Großvater dich streicheln, dich auf seinen Schoß ziehen und mit der Hand durch deine Haare fahren.	☐	☐
Ein Vertretungslehrer verlangt, dass die Schüler aufschreiben, wo sich ihre geheimen Verstecke und Treffpunkte befinden. Das soll dann in der Klasse vorgelesen werden.	☐	☐
Du hast Husten und musst zum Arzt. Der drückt dir das kalte Stethoskop auf den Rücken. 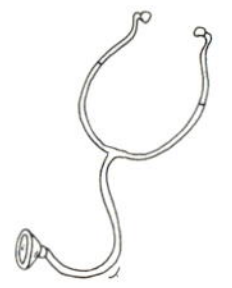	☐	☐
Jemand will dich filmen, wenn du .... (schreibe hier selber etwas hinzu!)	☐	☐
Du bist mit deiner Tante unterwegs und hast ein Eis gegessen. Sie nimmt ihr Taschentuch, tut ein bisschen Spucke darauf und will dir nun damit den Mund abwischen.	☐	☐
Bei der Klassenfahrt bist du im Bus eingeschlafen. Das hat einer fotografiert und er möchte dieses Bild nun am schwarzen Brett aufhängen.	☐	☐
Bei einer Familienfeier verlangt jemand von dir, dass du ein Lied singen sollst. Er will es mit einem Kasettenrekorder aufnehmen und anderen Kindern vorspielen.	☐	☐
Du bist mit deinen Eltern in einer Konditorei. Ein paar Tische weiter sitzt ein fremder Mann. Er blickt dich dauernd an, blinzelt dir manchmal zu und macht dann Zeichen, dass du mit ihm hinausgehen sollst.	☐	☐
Während einer Klassenarbeit kannst du dich plötzlich an gar nichts mehr erinnern und blickst auf das Blatt deiner Banknachbarin. Die Lehrerin schaut dich eindringlich an.	☐	☐

4.3 Wo darf ich traurig sein?

Unterrichtsplanung und -vorbereitung

Unterrichtsziel:

Wenn einem Kind, ob Mädchen oder Junge, Schlimmes widerfahren ist, so braucht es Hilfe. Diese Unterrichtseinheit soll der Lehrkraft und den Kindern ein systematisches Instrumentarium an die Hand geben, das es ihnen erleichtert, Ansprechstellen für missbrauchte oder misshandelte Kinder ausfindig zu machen. Ergänzend kommen Empfehlungen für geeignete Verhaltensmaßregeln sowie Hinweise zur Gesetzeslage hinzu.

Bezugsrahmen:

Diese Einheit ist als dritte von insgesamt vier Unterrichtseinheiten in der vierten Klasse bestimmt.

Zeitrahmen:

Mehrere Unterrichtsstunden

Hilfsmittel:

Vorbereitete Kopiervorlagen:

Arbeitsblatt 1:	„Hilfreiche Adressen“
Arbeitsblatt 2:	„Meine persönlichen Adressen“
Blatt 3:	Lehrerinformationen
Blatt 4:	Empfehlungen
Anhang:	Hinweise zur Gesetzeslage

Weiteres Material:

Stadtplan
Telefonbuch
Schreib- und Zeichenutensilien, eventuell Klebstoff

Verlauf der Unterrichtseinheit

Erste Unterrichtsstunde: Kontakte finden

Hinweis:

Es handelt sich bei dieser Unterrichtseinheit nicht um eine Einheit im gewohnten Sinn. Sie muss beispielsweise nicht als Ganzes in zwei oder drei aufeinander folgenden Unterrichtsstunden behandelt werden, sondern kann, über einen längeren Zeitraum verteilt, immer wieder punktuell erarbeitet werden.

Ebenso wenig handelt es sich um eine Unterrichtseinheit, in der die Schüler durch die Pädagogik an eine neue Erkenntnis herangeführt werden sollen. Es geht vielmehr darum, ihnen Adressen und andere Daten von Ansprechstellen für den Fall eines Falles zu vermitteln und ihnen die Angst vor solchen Institutionen zu nehmen.

Nebenbei lernen die Schüler dann aber auch, Adressen ausfindig zu machen und sie auf einem Stadtplan zu identifizieren.

Einstieg:

Der Lehrer teilt seinen Schülern mit, dass er diesmal etwas ganz Besonderes mit ihnen ausarbeiten will: eine Liste mit Adressen. Dabei wird es sich um Adressen von Personen oder Institutionen handeln, an die Kinder sich wenden können, wenn ihnen etwas wirklich Schlimmes widerfahren ist.

Verlauf der Unterrichtsstunde:

Zunächst wird darüber gesprochen, welche schlimmen Dinge es sind, die einem Kind widerfahren können, wobei an die Unterrichtseinheiten 3.1 „Füttern und streicheln verboten“, 3.2 „Geheimnisse“ und 4.2 „Rühr mich nicht an!“ angeknüpft werden kann.

An wen können sich die Kinder in solchen Fällen wenden? Welche Art von Hilfe brauchen sie? Welche Hilfeleistung wird von wem angeboten? Aber muss man denn überhaupt um Hilfe ersuchen? Können Kinder sich nicht selber helfen? Was würde es bedeuten, wenn sie einfach schweigen würden:

- für sie selber,
- für den Täter,
- für weitere, zukünftige Opfer?

Nachdem das erste Arbeitsblatt („Hilfreiche Adressen“) ausgegeben worden ist, zählen die Schüler zuerst Einzelpersonen auf, an die sie sich wenden würden. Die betreffenden Adressen werden auf dem Blatt eingetragen. Wenn notwendig, wird ein Telefonbuch zu Rate gezogen.
Dann werden die Anschriften von Behörden, Institutionen und anderen Organisationen gesucht, bei denen Kinder in bestimmten Fällen Hilfe erwarten können. Die Ziele und Mittel der einzelnen Organisationen werden jeweils in aller Ruhe durchgesprochen.
Wenn gegen die eine oder andere Behörde Vorbehalte geäußert werden, werden diese hinterfragt und möglichst aus dem Wege geräumt.
Würden die Schüler gerne eine dieser Organisationen oder Behörden näher kennen lernen? Falls dies nur irgendwie möglich ist, sollte in diesem Fall der Lehrer einen Besuch vereinbaren und durchführen. Anlässlich eines solchen Besuchs lassen sich erfahrungsgemäß viele, bis dahin nicht gestellte Fragen klären. Ebenso werden Hemmschwellen abgebaut und persönliche Kontakte hergestellt.

Nachdem Arbeitsblatt 1 fertig gestellt wurde, wird Arbeitsblatt 2 („Meine persönlichen Adressen“) in Arbeit genommen.
Der Lehrer erklärt den Schülern, dass es sich hierbei um eine direkte Hilfe für die Schüler handelt. Denn sollten sie sich einmal unglücklicherweise in einer schwierigen Lage befinden, können sie möglicherweise keine klare Gedanken mehr fassen. Sie wissen dann auch nicht mehr genau, was in der Schule zu dieser oder jener Person, Einrichtung etc. gesagt wurde. Deshalb sollen sie sich heute, da sie einen klaren Kopf haben, drei Adressen zurückbehalten – sozusagen als Rettungsring in innerlicher Not.
Die beiden ersten Adressen sollen sie an einem für sie immer zugänglichen Ort aufbewahren – also nicht in der Schule beispielsweise. Die dritte Adresse, die durchaus auch mit einer der beiden ersten übereinstimmen kann, sollen sie ebenfalls an einem für sie stets zugänglichen Ort aufbewahren. Diese dritte Adresse können sie – müssen sie aber nicht – geheim halten.

Beim Ausfüllen des zweiten Arbeitsblattes bietet der Lehrer seine Hilfe und seinen Rat an – aber ohne darauf zu bestehen, dass sie angenommen werden.

Hilfreiche Adressen

An diese Menschen, Behörden und Organisationen kann ich mich wenden, wenn es mir richtig schlecht geht:

Name	Straße, Nr.	PLZ	Ort	Kontakt	Bemerkung
Mutter					
Vater					
Meine Lehrerin, mein Lehrer					
Mein Arzt					
...					
...					
Polizei					
Kindertelefon					
Beratungsstelle für Kinder					
Jugendamt					
Jugend- und Sozialdezernat					
Jugendinformati-onszentrum					
Drogenbera-tungszentrum					
Deutscher Kin-derschutzbund					
UNICEF Deutschland	Höninger Weg 104	D-50969	Köln	0221/93650-0 www.unicef.de	
...					
...					
...					

Meine persönlichen Adressen

Auf dieser Seite hast du Platz, um drei Lieblingsadressen mit weiteren Informationen aufzuschreiben. Du kannst zum Beispiel auch einen Ausschnitt des Stadtplans dazukleben oder -malen.
Auf dem ersten Zettel ist Platz für den Namen und die Anschrift einer Person. Es sollte jemand sein, zu dem du sehr viel Vertrauen hast und dem du auch ein ganz großes Leid erzählen würdest.
Auf dem zweiten Zettel ist Platz für den Namen und die Anschrift einer Behörde oder einer Organisation, zu der du im Falle eines Falles gehen würdest. Es wäre gut, wenn du auch den Namen einer Person, der du vertraust und die dort tätig ist, gleich mit aufschreiben würdest.
Der dritte Zettel ist für den Notfall. Du kannst diese Adresse an der Linie abtrennen und bei dir tragen oder sie auch irgendwo verstecken.

1. Person

.... (Name der Person)	Plan der Ortschaft oder des Stadtviertels
.... (Straße) (Nr.)	
.... (Ort und Ortsteil)	
.... (Telefon)	
.... (Sonstiges, z.B. Buslinie oder Handynummer)	

2. Behörde

.... (Name der Behörde oder der Organisation)	Plan der Ortschaft oder des Stadtviertels
.... (Straße) (Nr.)	
.... (Ort und Ortsteil)	
.... (Telefon)	
.... (Hier kommt der Name der Person hin, mit der du reden möchtest)	
.... (Sonstiges, z.B. Buslinie oder Handynummer)	

- ✂

3. Notfall

.... (Name der Person oder der Organisation)	.... (1. Telefonnummer)
.... (Straße) (Nr.)	.... (2. Telefonnummer)
.... (Ort und Ortsteil)	.... (geöffnet von … bis … Uhr)
.... (Sonstiges, z.B. Buslinie oder Handynummer)	.... (an den Tagen …)

Lehrerinfo

Einige Empfehlungen, wenn Sie den ausdrücklichen Verdacht hegen oder die Gewissheit haben, dass ein Kind missbraucht wird:

Das sollten Sie tun:

- **Stets die Interessen des Kindes in den Vordergrund stellen.**
- **Dem Kind sagen, dass die Schuld beim Täter, nicht beim Opfer liegt.**
- **Die Mithilfe von Spezialisten anfordern.**
- **Die Informationen, die Sie erhalten, schriftlich festhalten und chronologisch anlegen.**

Das sollten Sie auf keinen Fall tun:

- **Das Kind in Gefahr bringen.**
- **Private Erkundigungen einziehen oder der Schilderung des Kindes eine persönliche Interpretation hinzufügen.**
- **Das Kind der bezichtigten Person gegenüberstellen.**
- **Mit der bezichtigten Person über die Anschuldigungen reden.**
- **Beweisstücke zerstören.**

Empfehlungen

Bei einem Verdacht auf den sexuellen Missbrauch eines Kindes:

- **Bewahren Sie einen kühlen Kopf!**
  Es hängt jetzt sehr viel von Ihrem weiteren Vorgehen ab. Bleiben Sie deshalb ruhig und geben Sie auf keinen Fall Ihren Emotionen und Ihrem Temperament nach!

- **Wenn Sie Ihres Verdachts sicher sind, suchen Sie die Mithilfe von Experten!**
  Sexueller Missbrauch eines Kindes ist sehr oft mit einer komplexen sozialen Situation verbunden. Die Lösung des Falles ist denn auch dementsprechend komplex und erfordert viel Fachwissen, Erfahrung und nicht selten große Mittel – Einzelpersonen sind kaum in der Lage, diesen Ansprüchen gerecht zu werden.

- **Sammeln Sie Beweise und stellen Sie sich darauf ein, dass Zivilcourage von Ihnen verlangt werden wird!**
  Sie werden wahrscheinlich Ihre Aussagen vor einem Richter wiederholen müssen. Machen Sie sich deshalb Notizen, am besten chronologisch geordnet: Im Falle einer Aussage sind Sie vielleicht aufgeregt und vergessen etwas Wichtiges.

- **Unterscheiden Sie zwischen dem, was Sie wissen, und dem, was Sie zu wissen glauben!**
  Sie tragen nicht nur Verantwortung gegenüber dem Kind, sondern auch gegenüber dem Verdächtigten. Seien Sie deshalb vorsichtig mit allem, was Sie verlauten lassen. Ihr Verdacht könnte sich ja als unbegründet erweisen.

- **Dem Kind gegenüber sollten Sie zeigen, dass Sie auf seiner Seite stehen und die Mittel eines Erwachsenen einsetzen werden, um ihm in seiner Hilflosigkeit zu helfen.**
  Einem Erwachsenen wird man eher Gehör und Glauben schenken. Außerdem haben Sie ganz andere Möglichkeiten, sich in der Stadt fortzubewegen und Kontakte aufzunehmen als ein Kind.

- **Schützen Sie das Kind!**
  Missbrauchte Kinder werden oft vom Täter bedroht, der befürchtet, dass sein Opfer ihn verrät. Aber auch hier sind Sie kaum in der Lage, selbst effizient zu handeln. Suchen Sie deshalb amtliche Hilfe!

- **Geben Sie dem Kind ganz deutlich zu verstehen, dass es als Opfer keine Schuldgefühle zu haben braucht!**
  Menschen, und insbesondere Kinder, haben die Tendenz sich schuldig zu fühlen, wenn sie das Opfer eines Verbrechens geworden sind. Sagen Sie dem Kind ganz deutlich, dass dies Unsinn ist, und zeigen Sie ihm, dass Sie mit ihm fühlen. Lassen Sie es an Ihrer Wut teilhaben!

Diese Empfehlungen können z.B. zur Information des Kollegiums ausgeteilt oder auch für die Elternarbeit verwendet werden.

Strafgesetzbuch

Deutsches Strafgesetzbuch (Auszug)

13. Abschnitt StGB: Straftaten gegen die sexuelle Selbstbestimmung (Übersicht mit Änderungen ab dem 01.04.1998)

§ 174 StGB: Sexueller Missbrauch von Schutzbefohlenen

(1) Wer sexuelle Handlungen 1. an einer Person unter 16 Jahren, die ihm zur Erziehung, zur Ausbildung oder zur Betreuung in der Lebensführung anvertraut ist,
2. an einer Person unter achtzehn Jahren, die ihm zur Erziehung, zur Ausbildung oder zur Betreuung in der Lebensführung anvertraut ist oder ihm im Rahmen eines Dienst- oder Ausbildungsverhältnisses untergeordnet ist, unter Missbrauch einer mit dem Erziehungs-, Ausbildungs-, Betreuungs-, Dienst- oder Arbeitsverhältnis verbundenen Abhängigkeit oder

3. an seinem noch nicht achtzehn Jahre alten leiblichen oder angenommenen Kind vornimmt oder an sich vornehmen lässt, wird mit einer Freiheitsstrafe bis zu fünf Jahren oder mit Geldstrafe bestraft.

(2) Wer unter den Voraussetzungen des Absatz 1 Nr. 1 bis 3

1. sexuelle Handlungen vor dem Schutzbefohlenen vornimmt oder

2. den Schutzbefohlenen dazu bestimmt, dass er sexuelle Handlungen vor ihm vornimmt, um sich oder den Schutzbefohlenen hierdurch sexuell zu erregen, wird mit einer Freiheitsstrafe bis zu 3 Jahren oder Geldstrafe bestraft.

(3) Der Versuch ist strafbar.

(4) In den Fällen des Absatz 1 Nr. 1 oder des Absatz 2 in Verbindung mit dem Absatz 1 Nr. 1 kann das Gericht von einer Bestrafung nach dieser Vorschrift absehen, wenn bei Berücksichtigung des Verhaltens des Schutzbefohlenen das Unrecht der Tat gering ist.

§ 176 a StGB: Schwerer sexueller Missbrauch von Kindern (neuer §)

(1) Der sexuelle Missbrauch von Kindern wird in den Fällen des § 176 Ab. 1 und 2 mit Freiheitsstrafe nicht unter einem Jahr bestraft, wenn

1. eine Person über achtzehn Jahren mit dem Kind den Beischlaf vornimmt oder ähnliche sexuelle Handlungen an ihm vornimmt oder an sich von ihm vornehmen lässt, die mit einem Eindringen in den Körper verbunden sind.

2. die Tat von mehreren gemeinschaftlich begangen wird oder

3. der Täter das Kind durch die Tat in die Gefahr einer schweren Gesundheitsschädigung oder einer erheblichen Schädigung der körperlichen oder seelischen Entwicklung bringt oder

4. der Täter innerhalb der letzten fünf Jahre wegen einer solchen Straftat rechtskräftig verurteilt worden ist.

(2) Mit Freiheitsstrafe nicht unter zwei Jahren wird bestraft, wer in den Fällen des § 176 A als Täter oder anderer Beteiligter in der Absicht handelt, die Tat zum Gegenstand einer pornographischen Schrift (§ 11 Abs. 3) zu machen, die nach §184 Abs. 3 oder 4 verbreitet werden soll.

(3) In minder schweren Fällen des Absatzes 1 ist auf Freiheitsstrafe von drei Monaten bis zu fünf Jahren, in minder schweren Fällen des Absatzes 2 auf Freiheitsstrafe von einem bis zu zehn Jahren zu erkennen.

(4) Mit Freiheitsstrafe nicht unter fünf Jahren wird bestraft, wer das Kind in den Fällen des §176 Abs. 1 und 2

1. bei der Tat körperlich schwer misshandelt

2. durch die Tat in die Gefahr des Todes bringt

(5) ...

§ 176 b StGB: Sexueller Missbrauch von Kindern mit Todesfolge (neuer §)

§ 177 StGB: Sexuelle Nötigung/Vergewaltigung (neue Fassung/Zusammenfassung mit alten § 178)

§ 178 StGB: Sexuelle Nötigung und Vergewaltigung mit Todesfolge (neuer §/neue Fassung)

§ 179 StGB: Sexueller Missbrauch widerstandsunfähiger Personen (neue Fassung)

§ 180 StGB: Förderung sexueller Handlungen Minderjähriger

§ 182 StGB: Sexueller Missbrauch von Jugendlichen (neuer §/ehemals Verführung Minderjähriger)

§ 183 StGB: Exhibitionistische Handlungen

§ 183 a StGB: Erregung öffentlichen Ärgernisses

§ 184 b StGB: Jugendgefährdende Prostitution

Wer der Prostitution 1. in der Nähe einer Schule oder anderen Örtlichkeiten, die zum Besuch durch Personen unter achtzehn Jahren bestimmt ist, oder 2. in einem Haus, in dem Personen unter achtzehn Jahren wohnen, in einer Weise nachgeht, die diese Personen sittlich gefährdet, wird mit Freiheitsstrafe bis zu einem Jahr oder mit Geldstrafe bestraft.

§ 184 c StGB: Begriffsbestimmungen

Im Sinne des Gesetzes sind 1. sexuelle Handlungen nur solche, die im Hinblick auf das jeweils geschützte Rechtsgut von einiger Erheblichkeit sind, 2. sexuelle Handlungen vor einem anderen nur solche, die vor einem anderen vorgenommen werden, der den Vorgang wahrnimmt.

Kindschaftsrecht

§ 50 Abs. 1 und 2 FGG (in der am 1. Juli 1998 in Kraft getretenen Fassung)

(1) Das Gericht kann dem minderjährigen Kind einen Pfleger für ein seine Person betreffendes Verfahren bestellen, soweit dies zur Wahrnehmung seiner Interessen erforderlich ist.

(2) ...

4.4 Frauen-, Kinder-, Menschenrechte

Unterrichtsplanung und -vorbereitung

Unterrichtsziel:

In dieser Unterrichtseinheit soll untersucht werden, ob die allgemein gültigen Menschenrechte alle Menschen genügend schützen oder ob es notwendig ist, verschiedenen Gruppen besondere Unterstützung zuzusichern. Gleichzeitig soll eine Antwort auf die Frage gesucht werden, ob es eine geschlechtsgebundene Unterdrückung gibt.

Bezugsrahmen:

Diese Unterrichtseinheit ist die letzte der vier Einheiten, die für die vierte Klasse vorgeschlagen werden.

Zeitrahmen:

2 Unterrichtsstunden

Hilfsmittel:

Vorbereitete Kopiervorlagen:
Arbeitsblatt 1: „Die Menschenrechte"
Arbeitsblatt 2: „Frauen und die Menschenrechte"
Arbeitsblatt 3: „Die Rechte der Kinder"

Weiteres Material:
Zeichenmaterial

Verlauf der Unterrichtseinheit

Erste Unterrichtsstunde: Gleiche Rechte für alle Menschen

Einstieg:
Die Schüler werden gefragt, wer von ihnen gerne zur Schule geht.

Verlauf der Unterrichtsstunde:
Auf ihre Antworten hin bemerkt der Lehrer: „Wusstet ihr eigentlich, dass ihr nicht nur zur Schule gehen müsst, sondern dass es auch das Recht jedes Kindes ist, in eine Schule zu gehen? Ihr müsst also nicht nur, sondern ihr dürft auch in die Schule gehen!"

Aber was ist das eigentlich: ein Recht?
Der Ausdruck wird in einem Kinderlexiken o. Ä. nachgeschlagen und mit Hilfe von Beispielen erläutert:

- Kinder haben das Recht ...
- Mutter hat das Recht ...
- Vater hat das Recht ...
- Usw.

Es stellt sich nun die Frage, ob alle Menschen Rechte haben?
Nach einer kurzen Aussprache bietet der Lehrer den Schülern an, dies anhand eines Textes näher zu untersuchen. Sie sollen sich deshalb zur Nachdenkrunde zusammensetzen (gegebenenfalls müssen noch einmal die Regeln einer solchen Runde besprochen werden, vgl. Unterrichtseinheit 2.5, Seite 53).
Dann kann das erste Arbeitsblatt ausgeteilt und gemeinsam gelesen werden. Es muss sicher sein, dass jeder Schüler den gesamten Text verstanden hat.

Diese Elemente sollten einzeln nacheinander besprochen werden:

Ad (1):
- *Für wen gelten diese Rechte?*
- *Gelten die Menschenrechte gleichermaßen für Frauen und Männer, Mädchen und Jungen?*
- *Gelten diese Rechte auch für Tiere und Pflanzen?*

- *Wenn alle Menschen die gleichen Rechte haben, bedeutet das, dass alle Menschen gleich sind?*
- *Würde es den Schülern gefallen, wenn alle Menschen sich genau gleichen würden?*
- *Was ist hier mit dem Wort „frei" gemeint?*
- *Wissen die Schüler von Fällen zu berichten, in denen Menschen willkürlich die Freiheit geraubt wurde (Sklaverei, Unterdrückung usw.)?*
- *Wie kann man „gleich an Rechten" einfacher ausdrücken?*
- *Wer sagt, dass alle Menschen die gleichen Rechte haben? (Wenn der Lehrer es für angebracht hält, kann er an dieser Stelle auf die Entstehungsgeschichte der Allgemeinen Erklärung der Menschenrechte von 1948 eingehen.)*
- *Wer sorgt dafür, dass diese Rechte eingehalten werden?*
- *Was halten die Schüler davon, dass alle Menschen die gleichen Rechte haben?*
- ...

Ad (2):

- *Welche Ausdrücke gibt es noch für den Begriff „Vernunft"?*
- *Wie können Menschen sich „im Geist der Brüderlichkeit" begegnen?*
- *Welche Ausdrücke kann man an Stelle von „Brüderlichkeit" verwenden?*
- *Können die Schüler einige Beispiele aufzählen, wo Menschen sich brüderlich, solidarisch, fair usw. untereinander verhalten haben? In der Armut, bei Krankheit, bei schweren Katastrophen, bei Unfällen, im Sport, in der Schule usw.?*
- *Gilt der Ausdruck „Brüderlichkeit" auch für Mädchen und Frauen?*
- *Warum wird dann in dieser Erklärung der Menschenrechte der Ausdruck „Schwesterlichkeit" nicht verwendet?*
- *Was bedeutet der Ausdruck „die natürlichen Rechte"?*
- *Sind die Schüler der Meinung, dass – ganz allgemein gesehen – mit den Rechten auch Pflichten verbunden sein sollten? Wenn ja, welche?*

Ad (3):

- *Darf jemand benachteiligt werden, weil er einer anderen Rasse angehört oder eine ungewohnte Hautfarbe hat?*
- *Sind die Kinder auch schon einmal Ausländer in einem anderen Land gewesen?*
- *Haben die Kinder schon einmal Ferien im Ausland gemacht? Haben sie sich da als Menschen zweiter Klasse gefühlt oder wollten sie genauso gut behandelt werden wie zu Hause? Vielleicht sogar noch besser?*
- *Ist jemand besser oder schlechter, bloß weil er eine fremde Sprache spricht?*
- *Sind Menschen weniger oder mehr wert, weil sie eine andere oder gar keine Religion haben?*
- *Was halten die Schüler davon, wenn in der Menschenrechtserklärung verlangt wird, dass hinsichtlich ihrer Rechte keine Unterscheidung zwischen Menschen gemacht werden darf?*

Zweite Unterrichtsstunde: Frauen- und Kinderrechte

Einstieg:
Mit einem Augenzwinkern fragt der Lehrer die Schüler, ob sie wieder einmal von ihrem Recht Gebrauch machen, in die Schule zu kommen. Er erklärt dann, dass er ihrem Recht Genüge tun will und deshalb nun seiner Pflicht als Lehrer nachkommt.

Verlauf der Unterrichtsstunde:
Gemeinsam wird in der Nachdenkrunde zusammengefasst, was in der letzten Unterrichtsstunde über die Menschenrechte gesagt wurde.
Der Lehrer liest noch einmal die letzten Zeilen des ersten Arbeitsblattes vor:

„‚(3) Jedermann hat Anspruch auf die in dieser Erklärung proklamierten Rechte und Freiheiten ohne irgendeine Unterscheidung, wie etwa nach Rasse, Farbe, Geschlecht, Sprache, Religion, ...'
‚Ja, das ist doch selbstredend!' Sascha hat den Ausdruck einmal von seinem Vater gehört.
‚Natürlich, das muss so sein!', bestätigt Steffen.
‚Also haben Mädchen und Jungen die gleichen Rechte!', triumphiert Anna.

Ob Mädchen und Jungen, Frauen und Männer nun wirklich die gleichen Rechte haben, das soll im Weiteren untersucht werden.
Der Lehrer teilt dazu das zweite Arbeitsblatt („Frauen und die Menchenrechte") aus, das zusammen gelesen und auf das Verständnis hin überprüft wird.

- *Was können die Kinder anhand des Textes zunächst einmal über die Situation von Frauen im Allgemeinen sagen?*
- *Was können sie aufgrund eigener Erfahrungen oder Ansichten darüber hinaus sagen?*

- *Wie belegen sie ihre Überlegungen und wie stichhaltig sind ihre Argumente?*
- *Was sagen insbesondere die Mädchen in der Klasse zu den Meinungen der Jungen?*
- *Finden die Schüler es richtig, dass der eine Teil der Menschen die anderen bedienen soll?*
- *Sind nach Ansicht der Schüler Mädchen und Jungen, Frauen und Männer gleich viel wert?*
- *Sind die Schüler der Ansicht, dass Hausarbeit sowohl von Männern als auch von Frauen erledigt werden kann?*
- *Wie wollen sie selber es damit halten?*
- *Sind die Schüler der Meinung, dass Mütter auch ihren Söhnen das Haushalten beibringen sollen?*
- *Inwieweit darf sich ein Mann in die Angelegenheiten seiner Ehefrau einmischen – siehe Saschas Eltern?*

Weitergehende Fragen, die sich in der Klasse nach einem nochmaligen Lesen des Textes ergeben können, werden besprochen und gründlich untersucht.

Im Anschluss daran leitet der Lehrer über:
Aber nicht nur Frauen haben Schwierigkeiten, die Rechte, die ihnen laut Menschenrechtserklärung zustehen, auch wahrzunehmen. Ein weiterer Teil der Menschheit, der sich nicht wirklich wehren kann, wird von den Stärkeren oft schlecht behandelt: die Kinder. Aber aus der allgemeinen Erklärung lassen sich auch Rechte ableiten, die insbesondere junge Menschen interessieren müssen.
Der Lehrer hat die wichtigsten hiervon auf einem Arbeitsblatt mitgebracht („Die Rechte der Kinder“) und teilt sie nun an die Schüler aus.

Die sieben angeführten Rechte werden zusammen gelesen, besprochen und mit Beispielen und Überlegungen untermauert.
Danach können die Kinder auf dem Arbeitsblatt ihre Rechte bildlich darstellen. Die Anweisungen auf dem Blatt können dabei helfen. Falls ihnen bei dieser Beschäftigung weitere Fragen oder Kommentare einfallen, so werden auch diese besprochen.

Die Menschenrechte

„Seht, was ich gefunden habe!" Sascha hält freudestrahlend ein dickes Buch hoch. Anna, Steffen und Tobias, die inzwischen wieder eine unzertrennliche Dreierbande geworden sind, schauen erwartungsvoll auf den Wälzer mit dem glänzenden, weichen Einband. Sascha knallt das schwere Stück auf den Tisch. Sofort beginnen die vier, darin herumzublättern. „Schaut!" und „Da!" und „Nein, hier!" und „Zeig mal!" wechseln sich ab.

Saschas Zeigefinger bleibt bei einem besonders langen Wort hängen. „Menschenschächte" buchstabiert er mühselig. „Rechte! Menschenrechte, nicht Schächte", korrigiert ihn Anna.

„(1) Alle Menschen sind frei und gleich an Würde und Rechten geboren." Tobias liest den ersten Satz vor.

„(2) Sie sind mit Vernunft und Gewissen begabt und sollen einander im Geiste der Brüderlichkeit begegnen", fährt Steffen fort.

„Ist das ein Quatsch!", poltert Sascha los. „Ich bin nicht frei, ich muss meinen Eltern gehorchen! Und dem Lehrer oder der Lehrerin. Quatsch, alles Quatsch!" – „Sascha!" Anna sieht ihn belehrend an. „Das ist Erziehung, sonst nichts. Das gehört zum Kindsein. Wenn du erwachsen bist, brauchst du denen nicht mehr zu gehorchen – nur zuhören solltest du ihnen auch dann noch. Aber die in dem Buch hier meinen, dass niemand ein Sklave sein soll. Das meinen die mit ‚frei'."

„Und gleich an Würde sind wir auch!" Tobias stolziert mit hoch erhobenem Haupt umher. „Gockel!", ruft Steffen. „Das heißt, dass einer den anderen respektieren soll", weiß Anna.

„Gleich an Rechten?" Steffen ist jetzt ganz interessiert. „Wir haben alle die gleichen Rechte?", vergewissert er sich. „Ja, alle Menschen haben die gleichen Rechte", bestätigt Anna.

„Und sie sind mit Vernunft und Gewissen begabt und sie sollen einander im Geist der Brüderlichkeit begegnen?" Steffens Staunen nimmt kein Ende. „Wer ist mit ‚sie' gemeint?" Tobias ist die Sache nicht geheuer. „Na, wir, wir alle, du, ich, wir eben." Anna weiß einfach alles. „Auch Sascha? Ist der auch mit Vernunft begabt?" Steffen ist skeptisch. „Natürlich, auch Sascha. Du ja schließlich auch." Tobias verpasst keine Gelegenheit zum Hänseln.

„Na, und wer sagt das alles so?" Sascha will seine Vernunft mit einer klugen Frage unter Beweis stellen. „Wer wohl? Die Menschen eben. Menschen wie wir alle, nur etwas älter. Das sind die natürlichen Rechte eines jeden Menschen!" Anna ist ganz zufrieden mit ihrem Wissen.

„Aber wie will Anna, ein Mädchen, uns Jungen im Geiste der Brüderlichkeit begegnen? Die kann das doch bestenfalls im Geiste der Schwesterlichkeit tun", hänselt Tobias weiter. „Ja, und überhaupt: Mädchen untereinander, wie sollen die denn brüderlich sein?" Sascha versteht die Welt nicht mehr. „Aber das ist doch bloß so ein Ausdruck", ergreift Steffen Partei, „damit sind natürlich auch die Mädchen gemeint!"

Annas Zeigefinger gleitet über den zweiten Artikel der „Allgemeinen Erklärung der Menschenrechte".

„(3) Jedermann hat Anspruch auf die in dieser Erklärung proklamierten Rechte und Freiheiten ohne irgendeine Unterscheidung, wie etwa nach Rasse, Farbe, Geschlecht, Sprache, Religion, ..."

„Ja, das ist doch selbstredend!" Sascha hat den Ausdruck einmal von seinem Vater gehört. „Natürlich, das muss so sein!", bestätigt Steffen.

„Also haben Mädchen und Jungen die gleichen Rechte!", triumphiert Anna.

Frauen und die Menschenrechte

„Ob das aber wirklich so ist?“ Annas Großmutter ist hinzugekommen. Sascha sieht sie fragend an. „Ich meine, dass Mädchen und Jungen dieselben Rechte haben“, erklärt die Großmutter und sie fährt fort: „Jedenfalls war das nicht immer so. Mädchen und Frauen durften nirgendwo mitbestimmen. Sie hatten einfach nur zu gehorchen und die Männer zu bedienen. Wenn eine verheiratete Frau arbeiten ging, musste sie abends noch den ganzen Haushalt besorgen und sich um die Kinder kümmern. Ich frage mich, ob sich in dieser Hinsicht bis heute viel geändert hat ...“ – „Mein Vater hilft immer zu Hause“, nimmt Anna ihren Vater in Schutz. „Meiner nicht, sonst kann er ja nicht Motorrad fahren und so“, meint Steffen. „Meiner auch nicht“, trompetet Tobias, „aber meine Mutter hat trotzdem keine Arbeit zu Hause, wir haben ja ein Mädchen, das alles besorgt und putzt und all diese Sachen.“ – „Ein Mädchen, nicht etwa einen Jungen oder einen Mann?“ Anna musste das einfach sagen, es platzte aus ihr heraus. „Und meine Mutter darf nicht einmal die Kleider anziehen, die sie möchte. Das darf allein mein Vater bestimmen.“ Sascha ist nachdenklich geworden.

„Männer sind ja überhaupt nicht imstande, ohne eine Frau und ganz allein zu leben.“ Anna ist jetzt in ihrem Element. „Sie können keinen Haushalt führen, sie können nicht putzen, sie können nicht kochen, sie können nicht nähen, sie brauchen sogar ihre Frau, um einen Einkaufszettel für den Supermarkt zu schreiben! Aber wir Mädchen, wir können das alles ganz allein.“ – „Ganz allein? Wer bringt euch das denn alles bei, he?“ Tobias gibt sich nicht so leicht geschlagen. „Na, wer denn wohl? Unsere Mütter natürlich. Die Väter könnten das ja schließlich nicht!“ – „Und warum bekommen wir Jungen das alles nicht von unseren Müttern beigebracht? Wenn Mädchen das erlernen können, so können wir das ja wohl auch!“, antwortet Steffen.
Anna sieht ihre Großmutter fragend an, aber sie erhält keine Antwort.

Die Rechte der Kinder

Alle Kinder haben die gleichen Rechte

Zeichne hier Kinder der Welt ein: kleine und große, Mädchen und Jungen!

Kinder dürfen in ihrer Familie leben

Zeichne hier Kinder mit ihrer Familie!

Eltern müssen für ihre Kinder sorgen

Zeichne hier Eltern, die ihre Kinder bei der Hand nehmen!

Kinder haben das Recht in eine Schule zu gehen

Zeichne hier Kinder in der Schule!

Kinder dürfen ihre Meinung sagen

Zeichne hier Kinder, die den Zeigefinger hoch strecken!

Kinder dürfen einen Klub gründen

Zeichne hier Kinder, die beieinander stehen!

Erwachsene dürfen Kinder nicht schlagen oder misshandeln

Zeichne hier Erwachsene, die sich schützend vor Kinder stellen!

Topaktuelle Materialien für Ihren Unterricht!

Ethikunterricht in der Grundschule: Wir gehen Problemen auf den Grund!

Norbert Berens/Marguerite Koob

Ethik in der Grundschule

Zur Reihe:

Die Bände dieser neuen Reihe decken jeweils ein ethisches Schwerpunktthema ab und enthalten ausgearbeitete Unterrichtseinheiten mit Lehrerhinweisen und Kopiervorlagen für die Jahrgangsstufen 1 bis 4.
Thematisiert werden verschiedene Aspekte des privaten und des öffentlichen Lebens sowie der Persönlichkeit.

Band 1:

So bin ich

Arbeitsmaterialien mit Kopiervorlagen

112 S., DIN A4, kart.
Best.-Nr. **3169**

Im Mittelpunkt dieses Buches steht die Heranbildung einer eigenen Individualität: Das Bewusstwerden der eigenen Person, die Bedürfnisse, Wünsche und Fähigkeiten des Ichs und die Dualität von Körper und Geist.

Band 2:

Das bist du

Arbeitsmaterialien mit Kopiervorlagen

112 S., DIN A4, kart.
Best.-Nr. **3170**

Sich in die Lage anderer zu versetzen ist nicht einfach. Voraussetzung dafür ist, dass den Mitmenschen eine eigene Persönlichkeit zugebilligt wird – mit eigenen Überzeugungen, Wünschen, Bedürfnissen und Fähigkeiten.
Das Buch führt die SchülerInnen Schritt für Schritt zu dieser Erkenntnis.

Band 3:

Mädchen und Jungen

Arbeitsmaterialien mit Kopiervorlagen

112 S., DIN A4, kart.
Best.-Nr. **3171**

Die geschlechtliche Entwicklung bringt bei den jungen Menschen bedeutende Veränderungen mit sich – in ihrem Körper und in ihrem Wesen. Doch wie damit umgehen? Welche Facetten der Liebe gibt es? Aber auch das Erkennen, dass jeder Mensch das Recht zum Nein hat, ist ein wichtiges Unterrichtsziel. Gefahren werden identifiziert und Wege zur Vermeidung gezeigt.

Band 4:

Freunde – Gegner – Feinde

Arbeitsmaterialien mit Kopiervorlagen

108 S., DIN A4, kart.
Best.-Nr. **3172**

Der Umgang mit anderen Menschen gehört zum Alltag eines Kindes. Natürlich entstehen dabei nicht nur freundschaftliche Gefühle zwischen den mehr oder weniger Gleichaltrigen. Die verschiedenen Aspekte, die damit verbunden sind, werden in diesem Band auf altersgerechte Weise beleuchtet und hinterfragt.

Auer **BESTELLCOUPON** Auer

Ja, bitte senden Sie mir/uns

____ Expl. Norbert Berens/Marguerite Koob
Ethik in der Grundschule
Band 1: So bin ich Best.-Nr. **3169**

____ Expl. Norbert Berens/Marguerite Koob
Ethik in der Grundschule
Band 2: Das bist du Best.-Nr. **3170**

____ Expl. Norbert Berens/Marguerite Koob
Ethik in der Grundschule
Band 3: Mädchen und Jungen Best.-Nr. **3171**

____ Expl. Norbert Berens/Marguerite Koob
Ethik in der Grundschule
Band 4: Freunde – Gegner – Feinde Best.-Nr. **3172**

mit Rechnung zu.

Bestellungen rund um die Uhr!
Telefon: 0180/5343617
Fax: 0906/73178

Bitte kopieren und einsenden an:

Auer Versandbuchhandlung
Postfach 11 52
86601 Donauwörth

Meine Anschrift lautet:

Name/Vorname

Straße

PLZ/Ort

Datum/Unterschrift

Spaß am mündlichen und schriftlichen Ausdruck!

Erika Altenburg

Offene Schreibanlässe

Jedes Kind findet sein Thema

140 S., kart. Best.-Nr. **2641**

Mit offenen Schreibanlässen gibt man jedem Kind die Freiheit, eigene Schreibideen zu verwirklichen. Wenn die Textsorte nicht festgelegt wird, entstehen vielseitige Textvarianten. Gelungene Texte zu erkennen ist hier wichtiger als zu kritisieren! Schreiberziehung anstelle von Aufsatzerziehung ist das Motto dieses Buches!

Ursula Lassert

Neue Bildgeschichten zur Aufsatzerziehung

Kopiervorlagen

1./2. Jahrgangsstufe
88 S., DIN A4, kart. Best.-Nr. **2087**

3./4. Jahrgangsstufe
88 S., DIN A4, kart. Best.-Nr. **2088**

Erika Altenburg

Schreiben zu Erzählbildern

Kopiervorlagen

92 S., DIN A4, kart. Best.-Nr. **2323**

Schreibideen und Themen zur Entwicklung eigener, individueller Geschichten mit Möglichkeiten zur Rechtschreibanalyse und Rechtschreibförderung.

Claus Claussen

Erzähl' mal was!

Materialien für das mündliche Erzählen in der Grundschule

112 S., DIN A4, kart. Best.-Nr. **3154**

Fördern Sie mit Fantasie und Kreativität die Erzählkultur und die Sprachentwicklung der Kinder! Mit den praxiserprobten Materialien und Methoden erhalten Lehrerinnen und Lehrer vielfältige Möglichkeiten, um Kindern im Grundschulalter Einstiege in Erzählsituationen und ins Geschichtenerzählen zu vermitteln.

Edelgard Moers/Stefanie Zühlke

Schreibwerkstatt Grundschule

Möglichkeiten zum freien, kreativen, assoziativen, produktiven und kommunikativen Schreiben

160 S., kart. Best.-Nr. **3079**

Kreatives Schreiben statt langweiliger Aufsätze! In dem hier vorgestellten projektorientierten Unterricht einer Schreibwerkstatt entstehen ganz von selbst viele Situationen für natürliche Schreibanlässe, die die Schreibmotivation fördern. Die Autorinnen zeigen vielfältige Möglichkeiten und Beispiele auf, wie man bereits in der Grundschule selbstbestimmtes Schreibenlernen fördern kann.

„Geschichtenanfänge, Vorschläge für Einstiege, Wörterlisten für einen Geschichtenbaukasten, nichts, was nicht bedacht worden wäre. Der Bänkelsang lebt auf und Bilderbücher werden hergestellt. Auch solche zum Fühlen. Es gibt Erzählimpulskarten und Beispiele, wie sich zu Postkarten Geschichten erfinden lassen. ***Eine Fundgrube zur Anregung der Fantasie! Es sollte in jeder Lehrbücherei zur Hand sein."***

(Sigrun Beck)

Auer BESTELLCOUPON Auer

Ja, bitte senden Sie mir/uns

____ Expl. Erika Altenburg
Offene Schreibanlässe Best.-Nr. **2641**

____ Expl. Erika Altenburg
Schreiben zu Erzählbildern Best.-Nr. **2323**

____ Expl. Edelgard Moers/Stefanie Zühlke
Schreibwerkstatt Grundschule Best.-Nr. **3079**

Expl. Ursula Lassert
Neue Bildgeschichten zur Aufsatzerziehung
____ 1./2. Jahrgangsstufe Best.-Nr. **2087**
____ 3./4. Jahrgangsstufe Best.-Nr. **2088**

____ Expl. Claus Claussen
Erzähl' mal was! Best.-Nr. **2641**

mit Rechnung zu.

**Rund um die Uhr bequem bestellen unter:
Telefon: 01 80/5 34 36 17
Fax: 09 06/7 31 78**

Bitte kopieren und einsenden an:

**Auer Versandbuchhandlung
Postfach 11 52
86601 Donauwörth**

Meine Anschrift lautet:

Name/Vorname

Straße

PLZ/Ort

Datum/Unterschrift

Praxiserprobt und topaktuell: Materialien von Auer!